知的障害を抱えた子どもたち

理解・支援・将来

医学博士
平岩幹男

図書文化

はじめに

本書を執筆しようと考えるに至った理由は３つあります。

１つめは「障害」の捉え方を転換していくためです。わが国の障害者基本法[1]における障害の考え方は「個人に帰結する」医学モデルになっており、それは障害者総合支援法[2]にも受け継がれています。しかし国際的には、20世紀後半から「社会が個人の社会生活上の困難を和らげるもの」とする社会モデルが広がりつつあります。わが国も批准した障害者の権利条約[3]が大きな契機となり、近年は社会モデルの普及も含めて法整備が行われるようになっています。

この２つのモデルは障害をどのように捉えて、どのように対応するかを考えるうえで避けて通ることができないものです。それら両側面を意識して対応することになります。さらに障害者の権利条約の延長線上に、その策定にも加わったデグナー[4]（Degener）による人権モデルも提唱されています。

なお医学モデルと社会モデルは相反する対立するものではありません。医学モデルとしての障害への適切なかかわりや、社会モデルとしての障害へのサポートや介入が、方法面でも生活面でも変化をもたらし、ひいては個人の生活の質の向上につながります。医学モデルと社会モデルについては第１章で述べます。

２つめは、知的障害に対する適切な理解や対応を広めるためです。子どもたちは年月とともに成人へと移行していきますが、知的障害により社会生活上の困難を抱えている、あるいはそれが将来予想される場合には、単に様子をみるのではなく、できることを考えて介入していくことが求められます。しかしながら特に知的障害の診断に対しては、「もうできることはない」となかなか問題点が明らかになったり把握されたりしないまま、適切な介入や対応を受けられずに年月が過ぎてしまうこともあります。介入によって社会生活上の困難が軽減することはまれではありません。

知的障害は、国際的には知能検査の結果だけではなく生活の困難さを含めて評価することが主流になっています。しかしわが国では、生活の困難さよりもおもに知能指数(ＩＱ)、小児ではときに発達指数（ＤＱ）の数値で判断され、いったん判断された数値はその後も変わらないとみなされていることもあります。たとえ知的障害域と判定されても、それが成長とともに変わる場合や、介入が効果を示す場合もあります。どのように介入するかはＤＱやＩＱだけではなく、生活面での適応行動を把握して考えることが大切です。このように現在のわが国の知的障害の診断や介入には大きな課題があると考えています。第３章で詳しく述べます。

３つめは、「障害」の概念整理と支援を発展させるためです。わが国では障害者基本法[5]により、障害は身体障害、知的障害、精神障害の３区分になっており、障害者基本法の制定後に取り上げられるようになった発達障害は、精神障害の中に位置づけられています。つまり、知的障害と発達障害は別々に扱われています。一方、米国精神医学協会による

DSM-5[6]では、神経発達障害として知的障害と発達障害は同じ範疇になっており、この区分は改正されたWHOのICD-11[7]においても同じです。しかしわが国では法的にこうした概念が整理されているとはいいがたく、障害者手帳ひとつとっても、知的障害と精神障害の一部とされている発達障害では手帳が異なりますし、社会生活上の困難では共通点が多いにもかかわらず、別に扱われています。そのために教育も含めて対応が十分ではない場合もみられます。

　これまでの臨床や研究の流れの中で考えてきたことを、知的障害を抱えて社会生活上の困難がある、あるいは将来それが強く予想される子どもたちに対して、少しでも役立てるためにできることは何か考えてきました。当事者の支援のために、当事者を取り巻く方々に、概念的な整理と福祉的、教育的、医療的な支援の充実を目指して、具体的な方向性を考える一助として本書の執筆を考えるに至りました。本書が、障害を抱える子どもたちや、その周りの方々にとっての「地図」になることを願います。

第1章 障害とは

障害という熟語は、当用漢字が定められたときに「障碍《がい》」の「碍」が当用漢字に入らなかったために「害」の字があてられ、用いられるようになりました。覆う、差し支えるという意味をもつ碍から害に変わったことで、今でも「障碍」表記をされる場合や、「障がい」「しょうがい」と表記される場合もあります。著者はある症状・状況によって社会生活上の困難を生じるものが「障害」であり、障害という医学的な診断よりも、困りごとに対してどう具体的に介入・対応するかが重要であると考えていますので、本書ではあえてこだわらず、法律でも用いられている「障害」表記としました。

広辞苑第7版[8]では、障害は①さわり、さまたげ、じゃま、②身体器官に何らかのさわりがあって機能を果たさないこと、と記されています。「はじめに」でも述べたように、これはその当事者に帰結する医学モデルの考え方です。

1970年に理念法としての障害者基本法[1]が制定されました。その後、何度かの改正がなされていますが、障害者基本法における障害の定義は「身体障害、知的障害、精神障害（発達障害を含む。）その他の心身の機能の障害（以下「障害」と総称する。）がある者であって、障害及び社会的障壁により継続的に日常生活又は社会生活に相当な制限を受ける状態にあるものをいう」とされています。

２００５年には実施法としての障害者自立支援法が制定されました。しかし障害者自身の負担が増える、差別につながりかねないなどの議論があり、２０１２年に発展的に解消され、障害者総合支援法(2)が成立しました。現在では発達障害という新しい障害名が認定されたことから、障害者総合支援法では精神障害として「発達障害者支援法第二条第二項に規定する発達障害者を含み、知的障害者福祉法にいう知的障害者を除く」とされています。第５章でも述べますが、発達障害と知的障害は合併がしばしばみられるにもかかわらず、わが国の障害区分では別の範疇に入れられています。

障害の医学モデル

個人が抱える社会生活上の困難を、言語的に分類、定義することによって、障害は個人の存在に重ねられてきました。これは障害を抱える人々やそれを取り巻く人々が、治療や教育、介入などによって社会に適合しよう、合わせようとすることで社会で暮らしていくことを求める、いわゆる「社会的な要求」が存在してきたことによります。

文部科学省の資料(9)によれば、障害の「医学モデル」とは、心身の機能・構造上の「損傷」

（impairment《インペアメント》）と社会生活における不利や困難としての「障害」（disability《ディスアビリティ》）とを同一視し、損傷が必然的に障害をもたらすものだと捉える考え方です。障害の原因を除去したり、個人への医学的な働きかけ（治療、訓練等）によって障害へ対処したりするものです。

ここでいう損傷とは、知的障害を抱えている場合には相手の発言が理解できないことであり、障害とは、発言が理解できずにご飯を食べられなかった状況だといえます。

医学モデルは障害を個人に内在する属性として捉え、同時に障害を克服するための取組はもっぱら個人の適応努力によるものとするため、障害の「個人モデル」とも呼ばれます。これは障害を抱える人たちの数が少なく（たとえば知的障害は軽度を入れても人口の２％程度）、社会の中では少数者（minority《マイノリティ》）であるという前提に基づいています。したがって障害をもたない多数派（majority《マジョリティ》）からみれば、自分たちも少数派になる可能性があることを無視すれば、障害への対応はいわば施《ほどこ》しになりかねないということです。

これは障害を抱えた人たちはいわば「劣った」人たちなので、少ないほうが、できればいないほうがよいという考え方にもつながります。これは優生思想と呼ばれ、19世紀末の欧米から盛んになりました。ナチスドイツによる諸政策はその代表とされています。

しかしながら、基本的人権が明記された憲法が存在するわが国においても、１９４８年から１９９６年まで優生保護法[10]が存在しました。障害を抱えることは劣っている（知的障害や精神障害はいわばその代表とされた）という優生思想および優生政策の見地から、妊娠・出産のコントロールによる不良な子孫の出生防止と母体保護の２つを目的とした法律です。これにより、強制不妊手術（優生手術）、人工妊娠中絶、受胎調節などが20世紀後半まで行われてきたことは記憶に新しいと思います。

優生保護法が廃止されて20年以上経った今も、障害に対する偏見や不適切な扱いがなくなっているわけではありません。これは障害を抱えた子どもたちと半世紀にわたってかかわってきた著者自身が長い間気にしてきたことであり、今も気にしていることです。

たとえば著者が数多く診てきた知的障害を抱えた子どもたちについて、知的障害に伴う症状はその子の社会生活上の困難を説明できるかもしれません。しかしそれはその子の全人格を表しているものではありません。

知的障害の子という表現がしばしば用いられますが、この表現は知的障害がその子の人格や全体をおおいつくすもの、同じものという解釈も可能です。そうしたこともあって著者は、近年は「障害を抱えた子ども」という表現を用いています。

医学モデルの考え方に基づいて障害の内容が掘り下げられ、特に近年の遺伝子解析の進歩なども相まって、知的障害の原因解明や治療法開発につながることが増えています。これらの知見は個人の抱える状況を詳細に記述することによって得られてきました。ですから、原因や経過、治療法の解明などの面では医学モデルとしての研究は欠かせません。

障害の社会モデル

文部科学省の資料(9)によれば、障害の「社会モデル」とは損傷（impairment）と障害

（disability）とを明確に区別し、障害を個人の外部に存在する種々の社会的障壁によって構築されたものとして捉える考え方です。逆にいえば、社会的な障壁の除去・改変によって障害の解消を目指すことができると認識するものです。障害を損傷と同一視する医学モデルを転換させ、障壁解消にむけた取組の責任を障害者個人ではなく社会の側に見いだす考え方です。なお、ここでいう社会的障壁には、道路・建物等の物理的なものだけではなく、情報や文化、法律や制度、さらには市民の意識上の障壁等も含まれています。

わかりやすくいえば、「損傷」があったとしても、それがそのまま社会生活上の「障害」となるのではなく、社会環境の不適合や未整備、そして社会が障害に抱く意識などが十分に機能していないことで生じると捉え、それが機能することで「障害」は減らしうると考えるものです。すなわち障害を抱える人の参加を前提とせずに構築されたこの社会のあり方を考え、対応するということです。

障害の医学モデルが中心であった時代には、障害の状況に応じた国際障害分類が用いられていました。しかし今は社会生活上の困難を中心に捉えるという観点から、ＷＨＯが２００１年に発表した国際生活機能分類(5)（International Classification of Functioning, Disability and Health：通称ＩＣＦ）が用いられるようになってきました。わが国では普及度が低く、生活の困難さの評価よりも知能検査などの数値を重視する傾向があります。しかし生活上の困難を「生活機能という観点」から評価し、対応を考える視点は障害を抱えている人にとって大切だと考えています。

ＩＣＦは、障害を抱えているという内なる問題（個人の因子：医学モデルに近い）と、社会活動に困難を抱えるという社会や環境の問題（社会モデルに近い）の両者を含んでいます。なお、社会モデルに基づく日常生活の困難さを評価し、具体的な目標を設定するものとしては、後述するVineland《ヴァインランド》-II《ツー》適応行動尺度(11)がしばしば用いられます。

障害者の権利に関する条約

法制度の変遷について本書ではくわしく取り上げませんが、わが国で社会モデルが広がるきっかけになったのは「障害者の権利に関する条約(3)」です。これは国際連合憲章では２００６年に定められ、わが国では２０１４年に批准されました。

この中で障害者や障害について「障害者がすべての人権及び基本的自由を差別なしに完全に享有すること」、そして「障害が、機能障害を有するものとこれらの者に対する態度及び環境による障壁との相互作用であって、これらの者が他の者との平等を基礎として社会に完全かつ効果的に参加することを妨げることによって生ずる」と明記されています。ただし「障害」の具体的定義には触れられていません。

また本条約では「合理的配慮」について「障害者が他の者との平等を基礎として全ての人権及び基本的自由を享有し、又は行使することを確保するための必要な変更及び調整であって、特定の場合に必要とされるものであり、かつ、均衡を失した又は過度の負担を課さないものとする」とされました。

合理的配慮は reasonable《リーズナブル》 accommodation《アコモンデーション》 の外務省公定訳（条約なので）ですが、語感としては「合理的」よりも「当然」のほうが自然な気もします。また、配慮という少数派への対応の強調や押しつけるような意味合いよりは、調整や対応という表現のほうがふさわしいと考えています。合理的配慮については第6章で解説します。

またこの条約では、ユニバーサルデザイン（universal design）についても「調整又は特別な設計を要することなく、最大限可能な範囲ですべての人が使用することのできる製品、環境、計画およびサービスの設計」と定義されました。

この権利条約の批准をきっかけに、さまざまな法整備が急速に進みました。２０１１年障害者基本法の改正、２０１２年障害者総合支援法[2]の制定、２０１３年障害者差別解消法[12]の制定、障害者雇用促進法（１９６０年制定）の改正[13]などです。これらの法律はその後も改正がくり返され、今後も予定されています。第３章でも触れます。

このように個人の責任に帰する医学モデルではなく、社会が積極的にかかわっていこうという考え方が、前述の優生思想に対して共生思想です。これまでは医学モデルと社会モデルの対比はおもに身体障害を対象に考えられてきましたが、知的障害や発達障害においては対比するものではなく、関連するものとして考えていく必要があると思います。

「はじめに」で述べた人権モデルは、本来人間がもっていて尊重されるべき権利に焦点を当て、必要な場合にのみ医学的特徴に焦点を当てるものです[14]。社会モデルとの違いは、個人を中心に考え、社会や個人に内在する困難さをその周辺因子として位置づけていることです。これは社会モデルと人権モデルがつながっていることを示しています。ですから次項では医学モデルと社会モデルについてお話しします。

どのように医学モデルと社会モデルを包摂するか

医学モデルと社会モデルの包摂については、国内外で多くの意見や議論が展開されてきました。飯野百合子らの著書にもよくまとめられています[15]。

知的障害における社会的困難の原因、すなわち「うまくできないこと」は、もし知能指数（ＩＱ）の評価が変わらなかったとしても、環境や状況によって変化します。いいかえれば、社会からの排除やそれによって被る不利益が社会モデルの核心であり、個人の心や体の特徴が医学モデルということもできます。

行動面やコミュニケーション面で瑕疵《かし》のない人はいません。その意味では誰もが状況によってうまくできない可能性があるといっても過言ではないと思います。できないことを個性として、あるいは単なる凸凹や特性のひとつとして位置づけられることもあります。しかし個性は社会生活の中で発揮されるものであり、社会生活上の困難を抱えている場合にはそれを軽減するための対応が必要です。それは医学モデル、社会モデル、人権モデルどれであっても変わらないと考えています。また、個性として尊重するのであればともかく、個性として「対応しないでもよいもの」という見方もあり得ますが、それは困難を抱える当事者や家族にどのように感じられるものかという不安もあります。

特に子どもの時期には「発達」という身体・精神機能を含めた大きな変化があります。

その時期にうまくできないことへの適切な介入ができれば、できることが積み重なって質的な変化が起きることもあります。例を挙げれば、言語発達の遅れがあり言語的に要求や選択ができない場合です。簡単ではありませんが、介入によって音声言語にせよ文字言語にせよ表出が可能になると、それまで特定の人にのみ理解されていた要求や選択が、より広がりをもち適切なサポートが受けやすくなります。要求や選択ができなければ社会生活の困難は積み重なるかもしれません。

意志表出ができないまま環境設定や調節をするよりも、できるようになってからのほうが社会生活上のサポートは機能しやすくなりますし、それはサポートを受ける人の生活の質を変える可能性もあります。これはいったん診断されたら変化が乏しいと考えられがちな知的障害にも同じ面があります。これについては第3～5章でお話しします。

障害の医学モデルも社会モデルもそれぞれが単独の概念、対立する概念なのではなく、相互の関連性があり、障害モデルが目指す最終目標はできないこと（disable）をできること（able）に少しずつでも変えていくことだと著者は考えています。

わが国では医療も教育も福祉も、そして法律もまだまだ医学モデルに基づいて判断したり対応したりすることが多いですが、障害、社会生活上の困難を抱えていても生きていく権利があり、そのためには社会が果たすべきことも少なくありません。障害を抱えているかどうかを社会の多数派・少数派で分けて考えるよりも、同じ空気を吸っているという共通基盤で考えたいと願っています。

第2章 知能とは・知能検査とは

広辞苑第7版(8)によると、知能は心理学用語として「環境に適応し、新しい問題状況に対処する知的機能・能力」とされています。これを読んでも知能や知的能力を具体的にイメージすることは難しいですが、長い間、知能という概念を言語化・定量化することが探求されてきました。

知能とは

あの人の「知能が高そうだ」という場合には、学業成績がよい、計算能力が高い、記憶力が優れている、説明能力や記述能力が高いなど、人によってさまざまな説明ができると思います。逆に「知能が低そうだ」という場合には学業成績が悪い、記憶力が悪いなどが挙げられるかもしれません。

知能を評価するために言語化したり、それを数値によって定量化したりすることは長い間の課題であり、できそうでできなかったことかもしれません。それが知能の研究や知能指数の開発へとつながっていきました。

CHC理論

１９０４年にスピアマン（Spearman）は、知能には教科ごとの成績に関連性がある部分とない部分があることから、一般的因子ｇと特殊因子ｓ*に分けて説明することを報告しています。[16] 当初はｇがひとつの因子だけでしたが、そのあとのＣＨＣ理論（知能を多角的な軸によって評価する理論）の登場により、現在ではｇはより広がりをもったものと捉えられています。

そのＣＨＣ理論（Cattell《キャッテル》-Horn《ホーン》-Carroll《キャロル》の３人の頭文字）の提唱者のひとりキャッテル[17]は、知能を結晶性知能（Crystalized intelligence）と流動性知能（Fluid intelligence）の２つに分け、それらを総合したものを知能として扱っています。ＣＨＣ理論を体系化したのはキャロルです。

結晶性知能と流動性知能

著者は結晶性知能と流動性知能の考え方がわかりやすいので好んで引用することが多いのですが、結晶性知能とは蓄積された語彙や知識、そして流動性知能とは場面に対応する思考、推理能力になります。

たとえば将棋の駒の名前と動かし方、基本ルールを覚えたとしましょう。これは結晶性知能ですが、実際に将棋を指すには相手の状況を考えながら駒を動かし

*一般的（general）な知的能力とされるgと、特殊な場合（special）に発揮される能力s。

ていく必要があります。これは流動性知能です。しかし将棋のプロになれば、膨大な対局を学習してパターンを記憶し、それを経験値として結晶性知能に組み込んでいきます。実戦での戦略や読みは、結晶性知能を参照しながら流動性知能を活かして対戦することになります。このように結晶性知能と流動性知能には強い関連があります。

子どもたちはまねや、くり返しをする中で経験を積み、知識を得ることから結晶性知能を形成します。さらにそれを使って聞いて理解したり、数えたりすることで流動性知能を形成していきます。ここで重要なことは、それらの中には数値化できる部分（語彙や模倣動作など）と、数値化が困難な部分（適切な場面であいさつするなど）があることです。これはあとでお話しする認知スキルや非認知スキルにもつながってきます。

結晶性知能の獲得には子どもが置かれている環境も影響します。過去に児童養護施設や触法少年とかかわってきた経験からいえば、適切な教育（学校教育だけではなく家庭教育なども）を受ける機会が少なく、文字を読む機会も少ない環境で育った子どもは、語彙《い》や計算能力に相当の遅れを認めることがあり、知能検査をすると低い数値になる場合があります。

安定した養育環境になり、学習習慣を身につけることで学力が向上し（経験上は知識欲も出てくることが多い）、知能検査の結果が向上した子どもも著者は経験しました。狩野広之らの報告(18)とは異なりますが、生育環境の影響もありうると感じました。知能検査の実施に際してはこうした要因も考える必要があります。

知能検査

知能検査は、知能指数（Intelligence Quotient：ＩＱ）によって小学校就学時の就学方法を判定することを目的に、１９０５年にビネー（Binet）によって報告されたものがはじまりだとされています[21]。知能検査と知能の定量化についてはそのあとにも数多くの研究がありますが、現在ではＣＨＣ理論が知能の説明として用いられることや、ＣＨＣ理論に依拠したり、関連づけられた知能検査が増えています[22][23]。

現在多く行われている個別の知能検査には、ＷＩＳＣ《ウィスク》(Wechsler intelligence scale for children)-ⅣとⅤ[24]、カウフマン（Kaufman）夫妻によるＫＡＢＣ《ケーエービーシー》（Kaufman assessment battery for children)-Ⅱ[25]、ＷＰＰＳＩ《ウィプシィ》（Wechsler preschool and primary scale for intelligence)-Ⅲ[26]などがあります。ＷＩＳＣ-Ⅳは独自の因子理論に基づいていますが、ＷＩＳＣ-ⅤやＫＡＢＣ-Ⅱ、ＷＰＰＳＩ-ⅢはＣＨＣ理論に基づいて設計されています。

いずれもわが国で標準化されていますが、もっとも多く使われている検査はＷＩＳＣ（２０２２年にⅤが出たが２０２３年現在Ⅳが多く使われる）だと思います。ＷＩＳＣ-Ⅳでは読み書きの判断項目がなかったものの（間接的に判断できる場合もある）、ＷＩＳＣ-Ⅴではその項目も入れられました。ＫＡＢＣ-Ⅱは読み書きの判定もできます。なおＷＩＳＣの対象年齢は５歳から17歳未満とされています（それ以降はＷＡＩＳ《ウェイス》：Wechsler Adult intelligence scale)。

ＫＡＢＣ－Ⅱの対象年齢は２歳６か月から18歳11か月、ＷＰＰＳＩ－Ⅲは２歳６か月から７歳３か月です。これらの詳細は参考図書をご覧ください[22][27]。検査結果は、ＷＩＳＣでは考えられる誤差範囲と合成得点（全体の数値はＦＳＩＱ：Full Scale IQ）で示されます。ＫＡＢＣ－Ⅱでは認知総合尺度（ＣＨＣ総合尺度）がＦＳＩＱにほぼ該当します。

知能検査と数値

ＩＱはピンポイントの数字ではありません。たとえばＦＳＩＱ70であれば90％信頼区間が66～74のように表示されます。これは、この検査を100回したときに66～74の範囲に90％の確率で入ることを意味します。ですから70という結果がすべてではありません。しかしながら教育現場をはじめその数値をピンポイントで扱うことがあります。

ＷＩＳＣ－Ⅳは言語理解、知覚推理、ワーキングメモリー、処理速度の４つの指標、ＷＩＳＣ－Ｖは言語理解、視空間、流動性推理、ワーキングメモリー、処理速度の５つの指標が得られます。それらは下位尺度から計算されますが、指標間の差が大きい場合にはＦＳＩＱの信頼性が低くなる可能性もあることが指摘されています[27]。

検査によって得られる知能指数は、平均値を100として１標準偏差（平均からのずれ）が計算上15となるように設計されています。知能指数は正規分布（図のように左右対称に山型をえがく）すると考えられているので、85～115の間に68・２％が、70～130の間に95・４％が入るようになっています。ペンローズ[28]（Penrose）の研究ではＩＱが正規分布することを報告していますが、個体差により知的レベルの低い部分が若干多くなる可能性も指

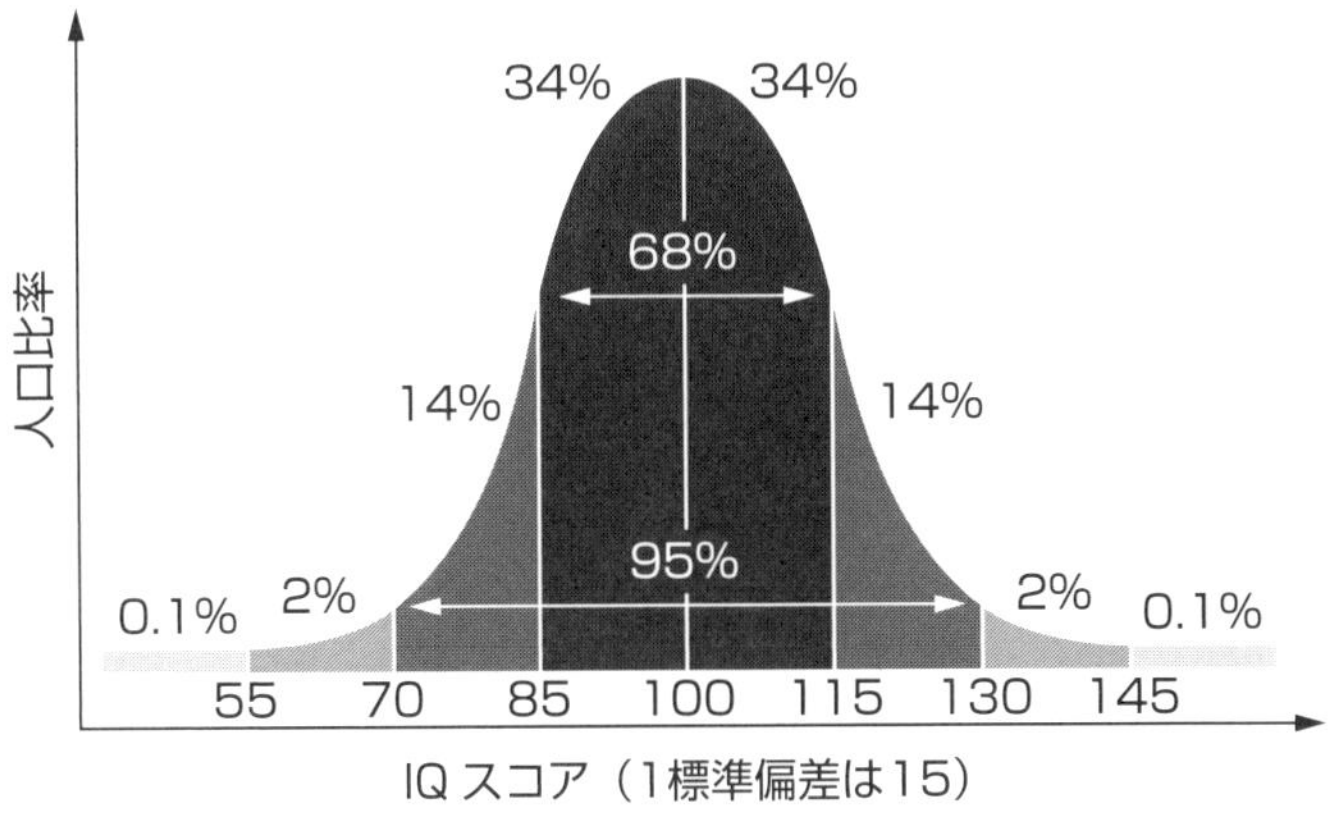

図　IQスコアの分布

摘しています。

一般的に正常範囲は2標準偏差以内と考えられています。平均が100の場合、合成得点が70以下は低い、130以上は高いと判断されます。ですからIQだけで判断する場合にはおよそ70以下を知的障害と判定し、その頻度は計算上約2・2%になります。

最近では平均値を50とする知能偏差値（Tスコア）表示をする検査もあります。計算式は「（検査値―平均値）×10÷標準偏差＋50」です。

これら以外では、ビネー（Binet）から改変された田中・ビネーVが知能検査としてしばしば用いられています。これについては参考図書をご覧ください[29]。2～13歳が対象ですが、就学時の検査用に5～6歳用があり、14歳以上では偏差知能指数（同年齢の平均値を100として標準偏差をみる）もあります。2～13歳では検査結果から精神年齢（mental age）を算出し、生活年齢（chronological age）との比率から知能指数を算出します。たとえば生活年齢が5歳6か月（66か月）、精神年齢が4歳0か月（48か月）であれば知能指数は73と判定されます。

発達検査

知能検査は前述のものが代表ですが、このほかに簡易型を含めた発達検査があり、その数は数百にものぼるといわれています。発達検査では、知能指数ではなく発達指数(Developmental Quotient：ＤＱ)を算出します。検査によって算出方法が異なりますが、発達指数の平均値はいずれも１００で設定されています。代表的なものは、わが国で開発された遠城寺式乳幼児分析的発達検査[30]（６領域の検討からＤＱを算出、生後０か月から４歳９か月が対象）、新版Ｋ式発達検査２０２０[31]（３領域の検討からＤＱを算出、生後３か月～成人対象、年齢により検査項目が変化）などがあります。

なお医療機関で知能検査や発達検査を行う場合には、医療保険の点数が算定され保険診療で可能なものが多いです。市区町村の保健センターや教育相談で行う場合には無料、民間の療育機関などは有料のところが多いです。

何がわかるか

知能検査や発達検査では、ある時点、ある環境である検査者が行った検査結果がわかります。すなわち、それは子どもの「絶対的な評価」ではなく、あくまで「ある時点での評価」です。もちろん知能検査も発達検査も標準化（集団で検査・評価して妥当性がある）されており、検査そのものを否定しているわけではありません。

しかしながら、たとえば乳幼児健診で発達の遅れが疑われて発達検査を勧められる、就学前に就学相談に行ったら知能検査を勧められるということはよくあります。落ち着いた環境で子どもと検査者が安定している状況下で行われた検査と、初めての環境、初めて会った検査者に子どもが不安を感じたり、騒がしい場所で行われたりした検査では、それが検査結果に影響して異なる結果になる可能性もあります。

そこで得られた数値はしばしばひとり歩きすることがあります。ＷＩＳＣでは合成得点が計算されますが、前述のようにＦＳＩＱは一定の範囲内の数値になります。ですからＩＱが69と71あるいは49と51の場合に、そこには明らかな差があるとはいえないことが多いです。しかし療育手帳（愛の手帳）発行時の判定では、49は中等度の知的障害、51は軽度の知的障害と判定され、等級も変わります。69では軽度の知的障害と判定されますが、71であれば知的障害なしとなり、手帳はとれません。また、同じＩＱ値であっても子どもは１人１人違います。ＩＱの数値だけで子どもを判断することはできません。

わが国で知能検査の数値が絶対視されがちなのは、１９９４年に発表されたＤＳＭ-Ⅳ[32]において、知的障害の程度が軽度（50〜55からおよそ70）、中等度（35〜40から50〜55）、重度（20〜25から35〜40）、最重度（20〜25以下）とＩＱによって区分されていたためです。その基準が療育手帳での障害４区分（軽度、中等度、重度、最重度：区分名は都道府県により異なる）にそのまま使われています。２０１３年から使われているＤＳＭ－５[6]ではこのような数値での分け方ではありません。教育や福祉の世界では30年前の基準が今も使われていることになります。

検査を支援につなげる

著者の個人的見解ではありますが、知能検査の目的は「できること」「サポートや努力があればできそうなこと」「今はできないこと」を見分けて、どのようなサポートや環境が必要なのかを考える材料を得ることだと思っています。しかし実際には、数字のひとり歩きがまかり通っている面があります。

制度設計を考えるとき、特に教育や福祉行政においては、数値で線引きをするとすればどこかに基準が必要だと思います。しかし第３章でお話しするように、知能検査や発達検査の数値だけで障害判定をするのではなく、社会生活上の困難を評価するべきだと思います。具体的には、習熟に時間がかかるかもしれませんが、Vineland-II適応行動尺度などを用いて、ＩＣＦ[5]に掲げられているような生活全般の評価をしてほしいと思います[11]。

また、発達検査や知能検査は、いわば物差しで数値化できる能力を測っています。後述の非認知スキルなどのように、網羅的に測定しようとしても数値化できない部分があります。どんな物差しを使って調べても、その「物差し」で測ったところしかみえません。このような発達検査や知能検査の限界を踏まえておく必要があります。

その結果は絶対か

狩野広之らの研究[18]では、おおむね7歳から14歳ごろまでの知能指数は大きく変わらないという報告があります。では6歳以下はどうなのでしょうか。

著者の外来には発達課題を抱えた子どもたちが多数受診しています。その中にはほかの医療機関や乳幼児健診後の発達検査で発達指数や知能指数が低いと判定され、その時点で「知的障害」と言われて受診した子どもたちもいます。たとえば2歳で自発語がみられない子に対して著者は、発達指数が低いから「障害」と考えるのではなく、模倣や指さしを含めた非言語的コミュニケーション、言語指示の理解など、保護者からの生育歴の聞き取りだけではなく自分で行動を観察したことから総合的に考えるようにしています[33]。

これまでの経験上、子どもの行動観察やインタビューでの印象と、知能検査・発達検査の数値が違うように感じるのは、就学相談や療育手帳の取得のためなど、結果の数字を得るために初めての場所で行われた検査に多い印象があります。

約半世紀の間に多くの子どもたちと接してきました。ただ経過観察をして様子をみるのではなく、保護者の協力による介入と相まることにより、2歳時点の発達指数や知能指数の結果が、6歳ごろには大幅に変わることも経験してきました。これは介入（療育）の影響により知能が変化したというよりは、最初の判定が必ずしも正確ではなかった可能性もあります。ですから発達検査や知能検査の結果は、特に「幼児期」については、著者は参考にはしますが、それを将来も変わらないものとは捉えていません。また、たとえＩＱの数値は変わらなくても子どもたちは成長しつづけます。

くり返しになりますが、著者の場合は発達課題によってその子の社会生活に困難がある、あるいは将来困難をきたすことが予測される場合には、それを検査結果の数値のみによるのではなく、それまでの生育歴や実際の行動観察から自分なりに判断するようにしていきます。発達検査や知能検査はスクリーニングとして意味があると思いますが、その結果を個々の子どもたち、特に乳幼児期にあてはめて考えるときには慎重な判断が要求されると考えています。

人工知能

最近は人工知能（artificial intelligence：ＡＩ）が話題になっています。ＡＩの定義はさまざまですが「人間の言語を理解して認識し、そこから推論したり、知覚や知性を人工的に再現したりする知的行動をコンピュータに行わせる技術」と著者は考えています。

ＡＩ自体の研究はコンピュータの発展とともにあります。基本的にはコンピュータはコンピュータ言語によるプログラムを実行することで、複雑な計算や制御を行わせるものです。そこからワードプロセッサー機能の語句変換がくり返されるなかで学習して変換効率が上がるようになり、学習した多数のデータを結びつけたり集積したりしてコンピュータ自体が深層学習（deep learning）を行うようになってきました。

1997年5月11日、チェス（西洋将棋）の勝負でコンピュータが史上初めて、チェスの世界チャンピオンに勝利しました。今では囲碁や将棋のプロの対局でもAIでの予想や評価が行われることも珍しくなくなっています。

日常生活では、たとえば炊飯器が環境を読みとって最適な炊飯をする、自動車を自動運転するということにもAIが使われるようになってきました。著者がAIを使いだしたのは後述の発達性読み書き障害のトレーニングソフト開発のとき(19)です。文字を読んで子どもが正しく発音できたかどうかをAIで判定することにしました。いろいろなAIを試して最終的にはIBMのWatson(20)を使いましたが、現在なら違った方法を取り入れていると思います。そのくらいAIの世界の進歩は早いです。

最近では文字でのチャット機能をもつAIから、音声でのチャット機能をもつ、あるいはほかの言語に自動翻訳するなど、AIの世界は広がりつつありますし、その助けを借りることも多くなっています。そうはいっても日々の生活では自分で考えて行動することが基本ですし、それをAIに代わってもらうことは現時点では難しいと思います。どちらにせよ計算する、情報収集するなどの能力はAIにはかないません。

最近ではAIとともに生成AIも話題にあがっています。簡単な例を挙げれば、手紙を書いてそれをAIのプラットホーム（ChatGPTなど多数）に「この手紙を英語に直して」と日本語で文章を入力すれば数秒でそれなりの英語がでてきます。これはAIを使っています。一方生成AIは「フィンランドに住む75歳の友人へのクリスマスと新年のメッセージを英語で考えて」と入力すると、数秒でクリスマスカードの文面が英語でできます。このように何らかの材料を処理して新しいものを生み出すことが生成ＡＩの特徴です。

ＡＩと課題

ＡＩの利用にあたって気をつけなければいけないことが2つあります。ひとつは、ＡＩでも生成ＡＩでも情報の紐づけがうまくいかなければ、誤った情報を出力する場合があることです。また使用しているデータが新しくない場合もあります。さらに、論文などは検討方法によって信頼度が異なるのですが、そうしたことを考慮せずに結論だけを拾っていることもあります。ですから出力された結果は盲信しないで確認する必要があります。

もうひとつは悪意のある人による偽情報の問題です。姿や音声をＡＩで読み取って、父親の声に似せて「お母さんが病気になったから車で迎えに行く」とスマホに流れてきたら、それが偽情報であっても信じて行動してしまうかもしれません。知的障害を抱えている場合には、より簡単にだまされる危険もあります。こうした状況は住所、氏名、電話番号などの個人情報が流出した場合に起きやすくなります。しかし一度に処理できる情報量が人間の脳に比べてはるかに多いため、将来にわたって偽情報に対して一定の管理方法など(できるかどうかわかりませんが) が必要かもしれません。

人工知能はうまく使えば役に立つ技術ですが、気をつけなければいけない点があることや偽情報への防止手段が講じにくいことも頭に入れておく必要があります。

第3章 知的障害とは

知的障害とは何だろうか。ずっと考えていて、何となくわかっているつもりなのですが、著者にとってまだ十分に納得できる答えは見つかっていません。

今から半世紀近く前に医師になったときに、ダウン症を抱えた子どもに出会いました。あいさつや簡単な日常会話はできるのですが、「質問に答える」「わからないと言う」「自分の気持ちを伝える」などは苦手で自分の意志がうまく伝えられないと、ときどき大声を出して保護者が戸惑うことがあったようです。しかし普段は私の外来にくると、にこにこしてとても穏やかな雰囲気でした。知能検査を依頼すると数値は55で、その当時の表現ですが、精神薄弱域という所見が返ってきました。

知的な遅れを抱えているとどんなことに困るのか。そのときに、読み書き算数などの学習面での困難だけではなく、コミュニケーションなどの困りごとが日常生活に影響することを感じました。

知的障害とは

知的障害とは、成長過程で理解やコミュニケーションに困難があり、知能検査などを経て知的能力が低いと判断された状態です。先述のようにＩＱがすべてを決めるわけではありませんから、知的障害と判断されても可能であれば語彙や知識を増やすことで結晶性知能を、コミュニケーショントレーニングなどで流動性知能を補強できる場合もあります。しかし乳児期や幼児期早期に、たとえば１回診ただけでそれを見分ける能力は著者にはありません。それも著者が簡単に知能障害と診断しない理由のひとつです。

現在では差別用語として使われることは通常はありませんが、以前には馬鹿、阿呆、まぬけ、白痴《はくち》、知恵遅れなどとさまざまな蔑称で呼ばれており、現在では使われなくなったものの法律や行政用語はおよそ30年前まで「精神薄弱」でした。

客観的に判定しやすい身体障害（内臓の障害などを除く）に比べて、知的障害が障害として認められるようになるまでには多くの時間を要しました。厚生労働省も用語の検討に加わり、さまざまな検討を経て知的発達障害、知的障害となりました。

知的障害の定義

１９６０年に精神薄弱者福祉法（１９９９年知的障害者福祉法に改称）が制定され[34]、ようやく知的障害が障害として認められましたが、障害の定義はされませんでした。この法律は、知的障害者の自立と社会経済活動への参加を促進するため、知的障害者を援助するとともに必要な保護を行い、知的障害者の福祉を図ることを目的としています。これは社会福祉六法のひとつに位置づけられています。

厚生労働省による現在の知的障害の定義[35]は「知的機能の障害が発達期（おおむね18歳まで）にあらわれ、日常生活に支障が生じているため、何らかの特別の援助を必要とする状態にあるもの」です。

文部科学省による定義[36]は「同年齢の子供と比べて、『認知や言語などにかかわる知的機能』の発達に遅れが認められ、『他人との意思の交換、日常生活や社会生活、安全、仕事、余暇利用などについての適応能力』も不十分であり、特別な支援や配慮が必要な状態」とされています。

このようにさまざまな定義がありますが、端的にいえば「発達過程に明らかになる知的機能の弱さによる社会生活上の困難を抱える」ことであると考えています。

DSM-5では、知的障害はintellectual disability（intellectual developmental disorder）と表記され（日本語訳は知的能力障害、知的発達症）、後述の神経発達障害のひとつに位置づけられています。[6]本文改定版のDSM-5-TRが2022年にでましたが、大きな変更はありません。そして軽度、中等度、重度、最重度の4区分になっているのは1994年のDSM-Ⅳ[32]と同じですが、DSM-Ⅳでは目安として示されていたIQの数値がDSM-5では外されました。

診断は発達期に発症すること、社会生活や社会適応面での課題を抱えること、知能検査では平均値から2標準偏差またはそれ以下であることとされています。概念やコミュニケーション、生活能力はそれぞれの重症度に分けて解説されています。詳細な説明がなされていることは歓迎すべきだと思いますが、状態の説明と評価であるために、それだけでは介入方法の設定が難しくなっている面もあります。

なお知能検査の数値については、22ページでもお話ししたように、たとえばＷＩＳＣ検査から得られるＦＳＩＱの数値が絶対的と考えるものではありません。

これまでに多くの知的障害を抱えた子どもたち、大人たちと接してきました。それぞれの状況によって生活面での困りごとは程度も種類も異なります。「知的障害」としてひとくくりにできるものではなく、そこには多様性があります。ですから知的障害という障害に対応するのではなく、抱えている「社会生活上の困難」にどう対応するかを考えることが必要です。障害のもつ多様性と社会生活上の困難への対応は、知的障害に限らずさまざまな障害を抱えている場合にも共通ですし、それが障害の社会モデルに基づくサポートを考えるときにも大切だと感じています。

わが国での歴史

現在でいう知的障害を抱える人たちは、江戸時代には穀《ごく》つぶしと呼ばれるなど、歴史的には社会から疎外される存在でした。さらに、優生保護法の対象とされてきた経過からも明らかですが、近年でさえ自分のことを自分で決めることすら尊重されていませんでした。

ところが一部では知的障害（精神薄弱）への取り組みは明治時代から始まっています。

著者の知る範囲で紹介します。まず、滝乃川学園は１８９１年にキリスト教精神に基づき石井亮一・筆子両氏が創設した、日本初の知的障害児者（当時は精神薄弱あるいは白痴と呼ばれていた）のための福祉施設です[37]。

当初は現在の東京都北区に開設されましたが、現在は東京都国立市にあります。創立１３０年を超え、本館は１９２８（昭和３）年に竣工された昭和初期を代表する教育建造物で、国指定有形登録文化財になっています。著者はお声がけいただいて2階の講堂で２０１６年に講演をさせていただきました。

その後、１９３４年に日本精神薄弱児愛護協会（現在の知的障害者福祉協会）が知的障害を抱えた人の自立と社会・経済活動への参加促進のための支援および福祉の増進を図ることを目的として設立され、翌年に石井亮一氏が会長となりました。同協会は現在も活発に啓発活動などを行っています[38]。

旭出学園は１９５０年に知的障害児のための私立の特別支援学校として、徳川正子、三木安正両氏によって創設されました。現在は幼稚部・小学部、中学部、高等部、高等部専攻科を設置し、生活自立寮もあります[34]。サイン言語（110ページ）などを用いてコミュニケーションを図るマカトン法[40]の普及も行っています。

これ以外にもいくつか存じあげていますが、私立の特別支援学校の設置や、成人後の生活施設の併設など、各地でさまざまな取り組みがなされてきました。

知的障害の頻度とわが国の現状

知能指数（ＩＱ）が正規分布していれば、知的障害に相当するＩＱ70未満は人口の２・２％になりますが、ＤＳＭ-５では頻度はやや男児に多く約１％、重度は１千人に６人としています。また、モーリック[41]（Maulik）は約１％、ポーテス[42]（Portes）は約２％と報告しています。定義によっても変わりますが、国際的にもおおむね１～２％の頻度と考えられています。

わが国での統計上の「知的障害」は、基本的に臨床診断ではなく療育手帳を保持している人数になります。令和５年の内閣府の障害者白書[43]では、知的障害児（者）の総数は１０９万４千人、うち18歳未満は22万５千人（在宅21万４千人、施設入所１万１千人）となっています。在宅21万４千人のうち男性は14万人、女性は７万３千人です。

令和５年度の厚生労働白書[44]では、０～９歳の知的障害児は人口千人あたり、平成７年２・８人、平成17年４・９人、平成23年５・４人、平成28年９・４人と増加傾向にあります。これは知的障害を抱える子どもたちが増えたというよりも、療育手帳を取得する子どもたちが増えたことを意味すると思います。

平成17年度の厚生労働省の知的障害児基礎調査[45]では、18歳未満では最重度２万２千人、重度２万８千人、中等度２万６千人、軽度３万３千人となっており、知能指数の分布（正規分布していれば計算値10万人以上）から考えると軽度が少なすぎると考えられますが、これは軽度の場合、必ずしも療育手帳の取得に結びついていない可能性を示しています。

62ページでも解説しますが、令和5年の文部科学省の学校基本調査では、特別支援学級（知的）が小中学校で16万2千人、特別支援学校（知的）が小中高等部で14万1千人、合計すると知的障害として特別支援教育を受けている子どもは30万3千人となり、厚生労働省の数値とは異なります[46]。特別支援教育は手帳の有無にかかわらず、教育としてのサービスであり、療育手帳は福祉行政が行う福祉サービスです。すなわち特別支援教育を受けている子どもの数と療育手帳の保有数は一致しないことになります。

療育手帳

知的障害を抱えていることを公的に認める書類が療育手帳（愛の手帳など自治体により呼称が異なる）です。これは1948年の厚生事務次官通知[47]により始まりました。都道府県、政令指定都市、中核市が交付しています。18歳未満は児童相談所、18歳以上は知的障害者更生相談所（自治体により呼称は異なる）で知能検査を行い、発行の有無の判断や等級判定を行います。

等級判定は自治体によって1～4度、A1、A2、B1、B2など呼称が異なりますが、多くの自治体では4区分です。A判定（1～2度、A1～A2）は知能指数が35以下で生活に介助が必要であり、問題行動がある場合か、50以下で肢体、視聴覚などそのほかの障害を合併していることが要件です。A判定が障害基礎年金（99ページ）の基本的な対象です。

療育手帳の取得

手帳の交付は幼児期から可能ですが、更新の有無や時期は自治体によって異なります。18歳未満の場合には児童相談所で交付されますが、現在は18歳未満が児童（未成年）の定義なので18歳になると更新が必要な場合が多いです。それを忘れると有効な療育手帳がない（手帳に伴うサービスが受けられない）状況になりかねないので、注意が必要です。成人では交付されたあとの更新はない自治体が多いです。18歳以降は児童相談所ではなく、成人の知的障害の判定をする知的障害者更生相談所[34]が対応します。

もちろん子どもの時期に知的障害と判定されて療育手帳を取得しても、その後の発育状況によっては発達指数や知能指数が取得時よりも数値上高くなり、手帳の更新ができない場合もあります。その場合には数値があがったということだけではなく、多くの場合には社会生活上の困難も軽減しています。

療育手帳を取得すると、障害の程度により各種手当の受給（自治体によって異なる。A判定相当が基本）、障害者扶養共済への加入、医療費助成（多くは所得制限あり）、一部の税金の控除・減免、公共交通機関の補助（自治体による）、施設利用時の優遇（施設による）などがあります。市区町村の障害担当部門に問い合わせてみてください。保育園や学童クラブ、児童館など利用時の配慮（職員配置を含む）を行う市区町村もあります。

取得することのデメリットは基本的にありません。取得しないことのメリットもありませんが、一部の自治体では、本来は教育と福祉はサービス提供部門が異なるものの、特別支援学校の中学部や高等部への入学に際して手帳の有無や障害の程度を参考にしています。

知的障害の原因

知的障害の要因として明らかになっている疾患を紹介します。これらはあくまで「損傷」であり、社会生活で生じた困難が「障害」になります。

出生前に規定される因子としては、ダウン症などの染色体異常、レット症候群[*1]やアンジェルマン症候群[*2]など特定の遺伝子の異常、先天性サイトメガロウイルス感染症[*3]をはじめとする妊娠中あるいは妊娠前からの感染症や低栄養、甲状腺機能低下症など母体の内分泌・代謝疾患などがあります。

胎児自体の因子には、異所性灰白質など神経細胞の遊走異常を含む脳の形成異常や子宮内での発育不全など、周産期・新生児期の因子としては、児の低出生体重、低酸素血症、黄疸、分娩損傷などがあります。

出生後の因子としては、脳炎、髄膜炎など中枢神経系の感染症、脳症、点頭てんかん[*4]やドラベ（Dravet）症候群[*5]などの難治性てんかん、頭部外傷、栄養障害、児童虐待を含む不適切な養育環境などがあります。

しかしどれほど検索しても原因がわからない、いわゆる特発性と呼ばれる群が30〜50％を占めています[48]。

*1 知的障害を伴う進行性の自閉症、女児に多い。MCEP-2遺伝子の異常が多い。
*2 知的障害やてんかんを伴う。UBE3A遺伝子の異常が多い。
*3 妊娠中のサイトメガロウイルス感染によって胎児に障害が生じることがある。
*4 乳児期後期に起きる難治性てんかんで、しばしば知的障害を伴う。
*5 乳幼児期に起きる難治性てんかんで、SCN1A遺伝子の異常が多い。

ウォルステンクラフト（Wolstencroft）らは次世代型シークエンサー（遺伝子検索）と聞き取りによる問診表を用いて、社会的背景と遺伝子の病的なコピー数変異[*6]（copy number variation：CNV）および単一コピー数変異（single number variation：SNV）を調べました。それによると知的障害ではCNVが74％、SNVが26％みられたこと、同時に社会経済的な問題を抱えている地域ではCNV変異の割合が高いことを報告しており[49]、遺伝的要因と社会経済的要因の双方が関連する可能性を指摘しています。今後こうした報告が増えることによって、知的障害の原因究明だけではなく、社会経済的な対応にまで広がることを期待しています。

遺伝的要因

遺伝的要因については、リヒテンスタイン（Lichtenstein）らがスウェーデンでの大規模調査の結果を報告しています[48]。これによると、男女比は6：4、発端者の血縁者が知的障害と診断される割合は、一卵性双生児の場合には約70％、二卵性双生児では約9％、ほかのきょうだい全体では約9％、母、父はそれぞれ約4％、約2％になるとしています。この割合は発端者が知的障害を抱えていない場合よりも高いと報告しています。

知的障害を伴いやすい遺伝性疾患としては、日本では少ないですが脆弱X症候群（X染色体の異常。男子に多い）などが知られています[50]。知的障害の原因はさまざ

*6 染色体の遺伝子がうまくコピーされない。

まであり、関連する遺伝子の一部はわかってきていますが、未知の部分も多いです。遺伝的要因については、何らかの関連はあると思いますが詳細はわかりません。

知的障害に合併しやすい

自閉症スペクトラム障害を抱えた子どもの知的障害の合併率は、マトルア（Mutluer）らは22・9％と報告しています[51]。そのほかにも数多くの報告がありますが、おおむね20～35％程度です。逆に知的障害を抱えた子どもの自閉症スペクトラム障害の合併については、知的障害が重いほど合併しやすいという印象を著者の臨床経験から感じています。ただ知的障害が重い場合と、コミュニケーションや対人関係での困難を抱える自閉症スペクトラム障害への介入（療育）は、方法論的に共通しているとも感じています。

自閉症スペクトラム障害のほうからみた場合、DSM-5では知的障害のない群、言語発達の遅れのない群、ある群を定義しています。一方、ICD-11[7]（WHOの国際疾病分類）では知的障害の有無に加えて、機能的言語（異常がない・あっても軽度、不全（単語や2語文レベルまでの理解））からも3区分にしており、全体としては6区分となっています。そのほかの発達障害を含めて第8章でお話しします。

意外に知られていないのですが、うつ病をはじめとする精神障害の合併はそれなりに多く、成人対象ではありませんがスミレイ（Smiley）の総説が参考になります[52]。知的障害と診断されていると、特に子どもの場合は精神症状を呈《てい》しても知的障害の陰に隠れて診断されない、対応されない事態があり得ます。著者は知的障害を抱える子どものうつ病に気がついて対応したことで生活内容が改善した経験もあります。

身体疾患についても気をつけたいことがあります。運動障害を合併する重症心身障害ではなく、作業所に通所する運動機能が保たれた成人をボランティアとして診ていたことがありますが、運動不足による肥満や糖尿病の合併が目につきました。子どもの時期、特に思春期から急速に肥満傾向を呈することがあるので、外来診療でも体重のコントロールには注意を呼びかけています。

乳幼児健診

幼児期に知的障害を疑う大きなきっかけのひとつは乳幼児健診です。わが国では母子保健法第12条[53]によって、市区町村は生後1歳6か月から2歳未満（1歳6か月児健診）と生後3歳から4歳未満（3歳児健診）のすべての子どもを対象に健診を行うことが定められています。これら2つの健診は対象となる子どもをもつ家庭に周知され、集団で行われることが多いですが個別の場合もあります。

そのほか、自治体によっては生後4か月、10か月、1歳、2歳、5歳などの年齢で独自の乳幼児健診が集団や個別で行われています。身体障害を合併していなければ乳児期に知的障害を抱えているかどうかを判定することは難しいので、知的障害の有無の評価はおもに幼児期以降の健診になります。

1歳6か月児健診

１歳６か月児健診は問診、身体計測、内科診察、歯科診察によって構成されます。問診で言葉の発達（おもに自発語）や生活習慣について聞かれ、言語理解の遅れや発語の遅れを指摘されることがあります。身体計測や内科診察においても同じです[54]。

自発語の遅れ（基準は自治体によって異なる）と判定された場合には、経過観察あるいは発達検査・知能検査（この年齢では田中ビネーⅤ）が行われます。ここで注意すべきことは、検査結果の数値が低ければ言語発達の遅れ＝知的発達の遅れと即断され、この遅れは持続するものと判断される場合があることです。発達障害、特に自閉症スペクトラム障害の合併を疑われると、その傾向はより強くなりがちです[55]。

発語がみられない場合、簡単な指示の理解と実行（たとえば「ボール拾って」「これ捨てて」など）ができていても検査結果の数値が実際よりも低くなることもあります。

著者は自閉症スペクトラム障害を抱えた子どもたちを対象とした外来を数十年していますが、診断は検査結果のみによって行うのではなく、行動観察を含めた子どもの全体像の把握が必要ですし、そこから必要な対応を考えるようにしています[56]。

自閉症スペクトラム障害への早期対応は、評価に基づいて適切な対応を「個別」に行うことが原則（127ページ）ですが、わが国では小集団での対応が中心で、単なる経過観察にすぎない場合もあります。疑ったり早期診断したりしても、それに見合った対応ができず検査結果も改善しないと判定されれば、早期絶望につながりかねません。

3歳児検診、5歳時検診

3歳児健診では、1歳6か月児健診の項目に視聴覚健診や尿検査が加わります(54)。視聴覚健診では、視力はランドルト環（視力検査に使う切れ目の入った黒い環）、聴力はささやき声検査によって行う自治体が多いです。言語面では名前や年齢を尋ねられます。

言語的な応答がうまくできなかったり、指示に従って視聴覚検査ができなかったりすると知的障害の可能性を疑われることもあります。そのあとは発達検査や知能検査が行われることも多いですが、経過観察になる場合もあります。25ページでお話ししたように初めての場所で初めての人による検査では妥当な検査結果が得られるとは限りません。

今後、知的障害より発達障害の対応を見据えた5歳児健診が制度化される可能性があります。子どもたちにとって健康診査の機会が増えることは歓迎ですが、疑いや診断だけで適切な対応・介入につながるかといわれれば、わが国の現状では疑問符がつきます(54)。それは、知的障害や知的障害を伴う自閉症スペクトラム障害をこの時期に診断して対応を始めるのでは遅すぎる可能性がありますし(55)、発達性読み書き障害や発達性協調運動障害はこの年齢で診断できるとは限らないことも理由です。これについては第8章でも触れます。

知的障害と診断されると、それが改善することはないと「幼児期」であるにもかかわらず判定され、その子の抱える困難に対する適切な介入がされないこともあります。特に自閉症スペクトラム障害を合併している場合には、困難さへの評価が十分でないまま小集団の療育（介入）のみで月日が過ぎてしまうこともあります。

著者はいつごろ診断しているか

著者は初診の外来診療において、会話ができる子どもたちには「朝（昼）ごはん食べた？」と聞いて「食べた」と答えたら「何食べた？」と聞き、答えられたらさらに「昨日の夕（夜）ごはん何食べた？」と聞きます。

この質問にも答えられたらその子に中等度以上の知的障害はないと考えています[33]。簡単な方法ですが、質問の意味の理解、記憶をたどって答える、短期間の記憶と少し長い記憶の双方を確認するという手順です。質問の理解ができなくても、記憶の保持や説明ができなくてもうまく答えることはできません。

子どもたちによって異なる部分もありますが、著者が知的障害を疑うきっかけにしているのは表（46ページ）のような項目です。

視聴覚障害や軽度の脳性麻痺などを含む運動機能障害、発達の退行がみられる場合にはほかの神経疾患や難治性てんかんなども考えることになります（そのほかにもいろいろあります）。知的障害を疑う症状と自閉症スペクトラム障害を疑う症状は極めて似ています。第8章でもお話ししますが、疑った症状が発達面や生活面での困難につながる場合には対応や介入を考えることになりますが、両者に対する対応方法は似ている面が多いです。

著者が知的障害の診断は簡単につけないことはお話ししたとおりですが、発達の遅れを乳児期後期や幼児期に疑う場合もあります。運動発達の遅れに伴う場合もあれば、そうで

表　知的障害を疑うきっかけ

乳児期（その時期には疑うことができなくても、可能性を考えてフォローする）
・音や光に対する反応（反応が遅い、反応しない）
・運動発達の遅れ（頸のすわり、はいはい、つかまり立ち）
・非言語コミュニケーションが苦手（目が合わない、音や声に反応しない）

乳児期〜幼児期前期（その可能性も考えてフォローする）
・発達の退行（できていたことができなくなる）
・言語理解の遅れ（模倣や指示理解）
・発語の遅れ（意味のある語句が出ない）

幼児期後期
・言語理解、発語の遅れ（指示が理解できない、話せない）
・生活習慣の遅れ（着替え、食事、排せつなどがなかなかできない）
・興味のあるものの少なさ（絵本、乗り物、人形などへの興味の少なさ）

就学以降
・言語理解、発語の遅れ
・学習の遅れ（文字や数字への興味のなさ、理解の遅れ）
・長文理解の遅れ（短文が理解できても長文になると難しい）

ない場合もあります。ただ知的障害なのか、知的障害を伴うあるいは伴わない自閉症スペクトラム障害のどれを抱えているかといった診断をするよりも、症状によってどのような介入をするかを考えています。行動観察などに基づいた経過観察をしつつ、非言語的、言語的コミュニケーションの発達をみながら介入を続け、診断することになります。介入は保護者だけではなく、保育園・療育施設などと情報共有を行うこともあります。

　周産期の問題や先天異常など原因となる疾患背景がない場合には、自閉症スペクトラム障害の診断であれば１歳代でもつけることがありますが、知的障害の場合には言語面や生活機能面も含めて２～４歳の間に診断することが多いです。しかし診断はそのあとの対応や介入ができないということではありませんので、何ができるかを考えてフォローしています。

　幼児期後期に初診で診察することもあります。それまでの発達経過などを頭に入れて行動観察をして、そのうえで診断に至りますが、１回の診察ではわからない場合もあります。診断したとしても、それは診断で終わりなのではなく、介入や対応のはじまりを意味します。

　就学以降になると限局性（特異的）学習障害など、そのほかの発達障害との区別が必要な場合もあります。次節でも述べますが、知的障害は治らないから対応しても仕方がないのではなく、適切な対応をして社会生活上の困難を減らしたいと願っています。

　また、著者も知的障害が軽いのか重いのかを考えることがあります。もちろんＩＱの数値だけではなく、行動観察をして（最近ではオンラインですることもありますが、やり方にコツが必要）、声かけや指示に対する反応をみます。生活課題との関連については51ページに掲げたとおりですが、今後何ができるようになるかを考えて介入することが大切だと考えています。抱えている知的障害が重いと感じても軽いと感じても、できることがないので経過観察しかないとあきらめてしまうこともありませんし、初めての慣れない場所での1回だけの行動観察で判断することもありません。

子どもが知的障害を抱えていると診断されたときに、保護者から「やっぱり」や「まさか」という反応が出ることがあります。「やっぱり」でも「まさか」でも、子どもができることを増やしていくということに変わりはありません。診断がついたから将来をあきらめるわけでも、何もできないだろうから過保護になるわけでもないと思います。診断されると子どもの能力を低く見積もる傾向がありますが、診断があっても社会生活のなかで何ができて何ができないかを将来目標と絡めて考えることになります。

知的障害は治るか

障害を抱えた子どもたちの診療をしていると、知的障害は治りますか？という質問を受けることがよくあります。たとえば身体障害では移植や再生医療によって障害そのものが消失する場合があり得ます。将来は技術的な進歩も相まって可能性はさらに広がっていくと考えられます。

しかし知的障害はどうでしょうか。放置すれば知的障害をきたすかもしれない先天性代謝異常症[*7]や内分泌異常症[*8]については、新生児期の血液ろ紙を用いたスクリーニングで早期発見し、治療的対応を行うことによって知的障害を予防できることは知られています。わが国でも都道府県によって内容に差がありますが、行われています[57]。それによって治療を受け、知的発達に問題がない子どもたちもいますが、いったん知的障害と診断された場合にはどうでしょうか。

個人的にはいったん診断された知的障害が、それに由来する社会的困難を含めてすべて解消することは考えにくいと思います。ただ幼児期に知的障害と診断された場合には、第2章でもお話ししたように、その根拠に問題があるために成長の過程でその診断が外れることはあります。

ほかの医療機関で知的障害と診断されていた場合でも、著者は行動観察からその診断に踏み込めず、介入を続けるうちに知的機能（多くは発達の遅れ）が改善した経験も多くあります。明らかな根拠もなくグレーゾーンといわれていた子どもたちでもそうしたことはたびたび経験しました。しかし自分で知的障害があると判断したお子さんについては、その後の経過観察（数年～数十年）の中でゆっくりと発達はしていきますが、知的障害そのものがなくなったという経験はありません。

知的障害の診断よりも、そのために起きている社会生活上の困難への介入が重

*7　酵素の欠損などにより特定の物質が貯留・不足する。
*8　甲状腺ホルモンの欠乏など。

要であることはいうまでもありません。第2章、第3章で述べますが、介入によって社会生活上の困難が軽減する場合はしばしば見受けられます。知的障害を抱えた子どもたちも、ゆっくりかもしれませんが、できることを増やしていくことは可能だと考えています。

また、知能指数は不変かということもよく聞かれます。これについては狩野広之ら[18]が知能検査（鈴木・ビネー式）を経年的に行い、おおむね7〜14歳については変動が少ないことを報告しています。ですから小学校に入るころの知的能力の評価は、それが適切に行われ、子どもの生育環境に大きな問題がなければある程度信頼できると思われます。

したがって診断された知的障害自体は治らないとしても、それは今後も何も変わらないのではなく、少しでも社会生活上の困難を減らすことは不可能ではないと考えています。

生活能力を基本に考える

著者は知的障害を抱える子どもたちを診察するときに、頭の中で表のような生活目標を考えます。今はどのポイントが大切かを考慮して、手立てを考えています。

簡単に説明してみましょう。①は一般的には幼児期前期の課題です。運動機能の課題がなくてもこれができない場合には、やって見せてできたらほめる（ほめられてうれしいという感覚の獲得が難しい場合もある）ことから始めます。②は幼児期だけではなく成人期の就労も視野に入れた息の長い課題です。③④ができると意思確認ができることに近づき、第4章で触れる強度行動障害を防ぐためにも必要（必ず防げるわけではない）な項目です。

表　生活課題とステップ

①簡単な指示理解 ごはんたべて、ごみすててなど簡単な指示が理解・実行できるか ②保清と排せつ管理 手を洗うなど清潔を保つ行動ができるか、トイレには問題ないか ③要求・選択・諾否の表出 身振り、絵、カード、文字、言語などでこれらを表出できるか ④簡単な感情表現 身振り、表情、絵、カード、文字、言語などで表出できるか ⑤簡単な会話とヘルプサイン 簡単な質問に答える、質問する、ヘルプサインができるか ⑥簡単な読み書き 文字だけではなく聞き取り、口述、ICT利用でできるか ⑦簡単な買物・外食 プリペイドカードなども含めて自分で選んでできるか ⑧公共交通機関・公共施設の利用 最低限の援助でできるか

⑤は簡単な会話ができるか、困ったときにヘルプサインが出せるかどうかです。⑥は就労も視野に入れてできることを増やしたい部分ですが、コンピュータやタブレットなどのＩＣＴ機器の使用も含みます。⑦⑧は可能になれば社会生活の範囲が広がることになります。

たとえば６歳時点では、いわゆる軽度の知的障害ではおおむね①から⑥、中等度ではおおむね①から④、重度では①②と③の一部ができ、最重度ではすべてできない可能性もあります。15歳だとすると、軽度ではおおむね①から⑧、中等度では①から⑥と⑦⑧の一部（サポートにもよる）、重度ではおおむね①～③と④の一部ができ、最重度ではすべてできない可能性もあります。これらは身体障害（肢体や視聴覚）の併存や、自閉症スペクトラム障害などの合併によっても変わります。

　ＩＱではなくあくまで生活での可能域にこだわるのは、たとえば適切に判定された６歳でＩＱ60の子どもでも、合併障害にもよりますが⑤⑥ができない場合がある反面、ＩＱ45の子どもでも⑤の一部が可能な場合もあるからです。もちろん幼児期にどのような介入（療育）を行うかによっても変化する可能性があります。

　また、ＩＱが高ければ何でもできるわけではありません。いわゆる高ＩＱ（１３０以上）でも、たとえば自閉症スペクトラム障害を抱えていて、コミュニケーションやこだわりの課題があるために⑥の一部や⑦⑧ができない場合もあります。

　できることを増やすことによって、サポートを受けられる範囲も人も広がります。それによって、将来の生活も見据えたさまざまな社会生活上の困難を減らすことにつながります。ここに挙げた項目は知的障害を抱えているとしばしば困難を感じる項目ですが、「できる」「できない」の評価ではなく、より広いサポートを受けるための手がかりだと考えています。介入や対応の具体例については第10章でお話しします。

　なお上記の①～⑧は簡略的なものですが、コミュニケーション、日常生活、社会性、運動スキル、不適切行動についてチェックし、その評価に基づいて困難の具合を把握し、サポートの計画を立てるという面ではVineland-II適応行動尺度[11]の利用がお勧めです。

知的障害を学ぶ3冊

発達障害について書かれた書籍は著者のものも含めて数多いのですが、知的障害についてまとめられた書籍は多くはありません。その中から3冊を選んで紹介します。

まずは30年以上の年月が流れましたが、著者が若いころに小児神経学のさまざまについて教えていただいた故有馬正高先生が監修された「知的障害のことがよくわかる本[58]」です。このシリーズはライターが書いたものを監修することが多いのですが、知的障害の定義として、「知的能力の低さ」「適応能力の低さ」「発達期に遅れがあること」を挙げています。適応能力はコミュニケーション面だけではなく社会生活の広がりも含んでいます。ちょうど発達障害が注目され始めたころで、発達障害との合併には触れられておらず、介入（療育）についても記載は少ないですが、幼児期の知的障害についてまとめられています。

次は下山真衣編著の「知的障害のある人への心理支援[59]」です。思春期青年期が中心ですが、メンタルヘルスに重点を置かれているところに読み応えがありました。特別支援学校を含む具体的な対応に触れられているところもすばらしいと思いました。ただ「知的障害」の定義がないために書き手による温度差も感じました。外来でも、知的障害と診断されると、生活上の困難や精神的なトラブルを抱えていても向き合ってもらえなかった子どもたちも診てきましたので、大変参考になりました。

最後は勝二博亮編著「知的障害児の心理・生理・病理[60]」です。知的障害への対応を考えるうえで必要になる知識を網羅的に示してあります。読み応えのある本ですが、知的障害を抱えた子どもへの具体的対応についての記述は多くはありません。

境界知能とは

２０１７年に境界知能（borderline intellectual functioning：ＢＩＦ）についての初めての国際会議がスペインのジローナ（Girona）で開催され、Girona宣言[61]が出されました。この宣言では、①ＢＩＦは発達過程で生じる神経発達障害であること、②ＢＩＦは発達過程で生じる非特異的な症候群であり、その存在が社会的に認識され、研究されているとはいえないことが述べられています。

境界知能といわれるＩＱ71～85のすべての人が社会生活面、学力面、就労面で参加を制限されているわけではありません。しかしＢＩＦを疑われた場合にはＩＱを調べるだけではなく、認知面、適応面での困難について検討すべきであるとされています。ＢＩＦを抱えていると身体・精神面での課題が生じやすいことや、小児期に始まり青年期、成人期と切れ目のない支援が必要であることなども述べられています。

以前はＤＳＭ-Ⅳ[32]が、おおむねＩＱ70～84（１～２標準偏差の間）を境界知能として対応の必要性を示していました。そのこともあって、このＩＱの範囲だけをもって知的障害のグレーゾーンと呼んでいる本もあります[62]。しかしGirona宣言はもとより、社会生活上の困難はＩＱのみによって規定されるものではなく、生活習慣や生活能力によって起きることを著者はこれまでに多く経験してきました。わが国ではグレーゾーンという単語がひとり歩きし、明確な根拠がないにもかかわらず対応が難しい子どもをグレーゾーン扱いしていることもあります。グレーゾーンかどうかと考えるよりは、第10章も参考に、対応を考え直すほうが先です。

そして知的障害は、もし知能検査を用いるとしてもWISCであれば単にFSIQ（全検査IQ）の合成得点だけではなく、各指標によって得意不得意を判定する必要があります。経験上、IQが1～2標準偏差の範囲に入っていても、WISC-Ⅳであれば特に言語理解とワーキングメモリー、処理速度に差がある場合には、知的課題だけではなく発達障害との合併（第8章）によってFSIQが低く算定されている可能性も考えられます。また25ページでも述べたように、検査だけを目的とした面接では、検査結果が行動観察やインタビューと合わないと感じる場合もあります。

境界知能をおおむねIQ70～85とした場合、IQが正規分布していれば23ページの図のように約14％（約7人に1人）が境界知能域に入ります。ところが現在のわが国の定義では障害と認定されないので、障害者手帳（療育手帳）を保有することもできず、社会的支援が乏しい状態になります。自閉症スペクトラム障害などほかの発達障害を合併している場合には精神保健のほうで精神障害者手帳を取得し、それに基づく支援を受けることも可能です。しかしそれすらも受けられない場合もあります。

一方でIQの数値にかかわらず、言い方を変えれば知的障害と判定されようがそうでなかろうが、子どもたちが社会生活に困難を抱えることは（高ＩＱであっても）あり得ます。くり返し述べているように、子どもたちへの対応や介入は、あくまでその困難に対して行うもので、ＩＱの数値だけでは決められません。

対応例の一つとしては、社会生活上の困難を先述のVineland-II適応行動尺度[11]で判定し、その困難さに応じて支援策を講じることが挙げられます。そのほうが社会モデルに基づく支援を考えるうえでも役立つと考えています。

境界知能と判定されても大きな問題なくひとり暮らしをして就労している人もいます。また、軽度知的障害と判定されていても、ときには少しのサポートが必要な場合もありますが、ひとりで暮らしている人もいます。一方ＩＱが１３０を超える高知能でも、社交不安障害などの精神疾患やコミュニケーションがうまく取れないことにより外に出られなくなり、社会生活に支障をきたす場合もあります。このような場合でも、適応行動尺度を用いて困りごとを明らかにして支援することが有効な場合があります。

非認知スキル

２０００年にノーベル経済学賞を受賞したヘックマン（Heckman）は、１９６０年代から米国ミシガン州で就学前の教育的介入プログラムを行ったところ、介入群では高校卒業率が高く、犯罪率が低く、将来の年収も高いことを報告しました[63][64]。

一連の研究には母集団の少なさや偏りなどを含めて批判もあるようですが、教育が未来を変えることを示したという意味でも画期的な研究です。その改善はＩＱによらない（介入の時点では介入群のＩＱが若干高かったが８歳時点では差がなく、その後うまくいったことの説明がＩＱではできない）こと、そしてそれが非認知スキル（non-cognitive skills）の改善によるとしています。

　非認知スキルは認知スキルと対比されていますが、認知スキルとは知能や学力など、ＩＱやテストの点数のように数値化されて評価できるものです。非認知スキルの客観的指標による評価は、あとでもお話ししますがまだ難しいです。

　非認知スキルは、ほかにも非認知能力（文部科学省）や社会情動能力（ＯＥＣＤ）などさまざまな表現がされています。

　文部科学省では「非認知能力とは、主に意欲・意志・情動・社会性に関わる３つの要素（①自分の目標を目指して粘り強く取り組む、②そのためにやり方を調整し工夫する、③友達と同じ目標に向けて協力し合う。）からなる[61]」としています。

　ＯＥＣＤでは、社会情動的スキル（social and emotional skills）として「目標の達成（忍耐力・自己抑制・目標への情熱）」「他者との協働（社交性・敬意・思いやり）」「情動の制御（自尊心・楽観性・自信）」にかかわるスキル[66]とされています。

　同時期にダクワース（Duckworth）らは中学校教員としての経験から大学生や士官学校生などへの加入研究を行い[67]、社会でうまくいくためには学力以外の能力が必要であるとして、ＧＲＩＴ《グリット》：Guts《ガッツ》（やる気）、Resilience《レジリエンス》（復元力）、Initiative《イニシアティブ》（自発性）、Tenacity《テナシティ》

（強い思い）を要素として挙げています。これも非認知能力とされています。わが国では小塩真司らが非認知能力について多角的にまとめています(68)。

51ページの生活課題とステップを参照してもらえれば、非認知スキルが含まれていることが理解できると思います。たとえば「おはようございます」「きょうはいい天気ですね」という表現と意味を知ることは認知スキル（点数化できる）ですが、それを適切に口から出したり、相手に合わせたり、笑顔でしたりする能力は非認知スキルです。日常生活での他人からの評価に影響する可能性はありますが、その使い方は点数化できません。

165ページでもお話ししますが、困ったときに「助けてください」と言うことを知識として知っていても適切に使えるとは限りませんし、使うためには練習する必要もあります。

タテの発達・ヨコの発達

重症心身障害児のための施設、びわこ学園の創始者のひとりであり、福祉の父とも呼ばれる糸賀一雄の「福祉の思想(69)」の中に「この子らはどんなに重い障害をもっていても、だれととりかえることもできない個性的な自己実現」をしていること、それこそが「創造であり生産」であることが説かれています。

一般的には、運動発達であれば首がすわる、歩く、走る、跳ぶといった能力が年齢とともに身についてくると考えますが、重い障害を抱えた子どもたちはその発達が止まってしまったり、先に進めなくなったりすることがあります。寝たきりになった重症心身障害児は非生産的なのか、その子たちには創造はないのかという議論は以前からありました。

糸賀一雄が上記の運動発達のような縦（タテ）の発達に対して、重症心身障害児であってもその発達過程の中での広がりがあり、それを横（ヨコ）の発達と述べています。[70] より詳細には垂髪《うない》あかり[71]が歴史的経過やその後を含めてまとめています。

著者もこれまでに重症心身障害児を、ときにはその看取りまで含めて診てきました。その中に新生児期の低酸素脳症で脳白質軟化症（脳の神経線維が通る部分が壊れる）になり、起き上がることはもとより手足を自由に動かすことも話すこともできない子がいました。その子を定期的に診ながら10歳を過ぎたころに、名前を呼ぶと表情がほころぶこと、呼んでいるほうに目を動かそうとしていることに母親が気づきました。外来でそれをみせてもらったときの喜びは忘れられません。その後、10年以上たってから誤嚥《ごえん》を防ぐための気管喉頭分離術を行いました。それによって経口栄養が少し可能になると、ウニが好きなこと、食べると表情がほころぶだけではなく「ウニ」という声にも反応することがわかってきました。

非認知スキルはヨコの発達にも関連するように感じていますが、たとえ重症心身障害を抱えていても、ヨコの発達について考えたり評価したりしていくことは今後の研究も含めて大切であると考えています。知的障害を抱えている場合も同じです。

第4章　学び・教育をめぐって

憲法第26条には教育を受ける権利が明記されており、第2項では受けさせる義務も示されています。ここでいう権利・義務はおもに小中学校の義務教育を指すと考えられますが、知的課題を抱えていても、もちろんその権利はあります。教育というと、とかく義務ばかりが強調されがちですが、本分《ほんぶん》は「受ける権利」であり、それが義務に優先することは明らかです。それが学びの多様化の保証にもつながります。

ですから何が何でも義務だから受けさせようということではなく、子どもが安全で安心できる場所での学びを保証する必要があります。これは知的障害を抱えていても変わることはありません。

子どもたち全般にいえることですが、特に知的障害を抱えている場合にはたとえば8歳である学習が習得できないと、その時点で「習得は無理」という判定がされる場合があります。これは特別支援教育の場面でも目にすることがあります。「8歳でできなかったことは15歳でもできない」ことを意味していません。学びは連綿と続いていき、年月をかけて習得できることもあります。あきらめないことが大切だと考えています。

就学先

知的課題を抱えていると判定された子どもたちは、特別支援教育を受けることになる場合が多いです。その場合、多くは特別支援学校や特別支援学級に在籍することになります。特別支援学校（国公立、私立）には知的障害、肢体不自由、視聴覚障害の学級があり、それぞれ小学校（小学部）、中学校（中学部）、高等部があります。呼称は自治体・学校により異なります。高等部は高等学校としての74単位を取得しないため高校卒業資格はありませんが、大学や専門学校への進学は可能です。特別支援学校は都道府県、政令指定都市などが設置していますが、一部私立もあります。

特別支援学級

特別支援学級は市区町村の教育委員会によって設置されています。幼稚園も特別支援教育の対象（保育園・認定こども園も幼児教育の一環として位置づけられている）ですが、2023年時点では積極的に実施している園は少ないと思われます。

特別支援学級は知的級、情緒・自閉級（自治体により呼称は異なる）があり、小学校、中学校に設置されています（通常学級のある学校に併設が基本）。文部科学省では知的障害特別支援学級の対象として「知的発達の遅滞があり、他人との意思疎通に軽度の困難が

表　特別支援学級、特別支援学校の在籍児童・生徒数

	特別支援学級		特別支援学校
	知的級	自閉症・情緒級	知的級
小学校(部)	113,573	140,726	47,770
中学校(部)	48,671	53,754	30,904
高等部	なし	なし	62,178

令和5（2023）年度（単位：人）

あり、日常生活を営むのに一部援助が必要で、社会生活への適応が困難である程度のもの」としています[72]。高等学校への設置も検討されています。

特別支援学校

特別支援学校の知的障害学級の対象は、文部科学省が同資料で「知的発達の遅滞があり、他人との意思疎通が困難で日常生活を営むのに頻繁に援助を必要とする程度のもの、知的発達の遅滞の程度が前号に掲げる程度に達しないもののうち、社会生活への適応が著しく困難なもの」としています。特別支援学級、特別支援学校を含む障害を抱えた子どもたちへの教育支援については、文部科学省資料[73]を参照してください。

２０２３年度の在籍数を表に示しました。なお、知的な発達の遅れが就学時健診で指摘されるとは限りませんし、気づかれていないこともあります。保護者の希望などで通常学級に在籍していることもありますので、表の数字が知的障害を抱えている子どもたちすべてを含んでいるわけではありません。

なお、学級定員は通常学級が小学校1年生35人、2年生以降40人（いずれ35人になるがそれでも多い）、特別支援学級が8人、特別支援学校は6人（重複障害では3人）です。

特別支援教育

以前は特殊教育と呼ばれていましたが、2007年から障害者の権利条約[3]との関連もあり特別支援教育と呼ばれるようになりました。特別支援学級、特別支援学校に加えて通常学級に在籍しつつ通う通級指導教室も特別支援教育に位置づけられています。

障害者の権利条約にうたわれている包括（インクルーシブ）教育については、2012年に中央教育審議会から推進に関する答申が出されましたが、後述（65ページ）するように包括は広がっているとはいえないのが現状だと考えています。

各学校では特別支援教育コーディネーターを選任し、特別支援教育全体や保護者との調整にあたるとされています。しかし実際には専任であることは少なく、学級担任や養護教諭との併任であるために、期待される役割を果たすことは難しいことが多いです。

通常学級においても、2022年に文部科学省が「通常の学級に在籍する特別な教育的支援を必要とする児童生徒に関する調査結果について[74]」を発表し、該当する児童生徒が8・8%にのぼることを報告しました。これは医学的診断ではなく学校での調査によるものであり、実際には発達障害のみならず知的障害を含んでいる可能性もあります。

この割合が過去の調査と比べて増えていることから、普段から1日1時間以上テレビゲームをする子どもの割合が増加傾向にあることや、新聞を読んでいる子どもの割合が減少傾向にあり言葉や文字に触れる機会が減少していること、インターネットやスマホが身近になり対面の会話が減少傾向にあることや、体験活動の減少などの影響もあるとされていますが、これには科学的根拠はないと考えられます。

特別支援教育については、2005年の中央教育審議会答申[75]で「特別支援教育とは、障害のある幼児児童生徒の自立や社会参加に向けた主体的な取り組みを支援するという視点に立ち、幼児児童生徒一人一人の教育的ニーズを把握し、その持てる力を高め、生活や学習上の困難を改善又は克服するため、適切な指導及び必要な支援を行うものである」とされています。

著者の個人的な考えですが、すべての子どもたちに支援やサポートを必要とする場面はありうるので、「特別」の2文字は不要だと感じています。障害の有無にかかわらず、困難さがあればそれに対してサポートをすることは社会モデルに近い考え方です。

特別支援教育では、教科学習以外に自立活動にも重点をおいています。自立活動とは「個々の幼児児童生徒が自立を目指し、障害による学習上又は生活上の困難を主体的に改善・克服するために必要な知識、技能、態度及び習慣を養い、もって心身の調和的発達の基盤を培う（文部科学省）」ものです。健康の保持、心理的安定、人間関係形成、環境の把握、身体の動き、コミュニケーションの6領域27項目が定められています。

特別支援教育について、国立特別支援教育総合研究所が編集した参考図書では、個々の障害に応じて留意するべきこともまとめられています。[76]著者も同研究所では特別支援学校の教員研修のお手伝いを10年近くしていたことがあります。

特別支援教育のひとつの軸として包括（インクルーシブ）教育があります。障害者権利条約の理念からも、共生の理念からも進めていく必要がありますが、残念ながら障害を抱えている場合には「医学モデル」に基づく適切な教育を行うという風潮が強く、なかなか進みません。

それぞれの子どもに適した学習をすることが必要ですが、先に述べたとおり通常学級ですら小学校1年生35人、2年生以上40人（将来は35人の予定）が1クラスの定員です。通常学級にいる子どもたちもそれぞれが得意、不得意を抱えているものです。そこに知的障害を抱えた子どもが入った場合に、この人数では適切な学習をすることは難しいと思います。今後の制度設計で学級の人数が少なくなれば、より適切な対応ができるようになり、そこから包括に広がる可能性も高まると考えられます。

学習指導要領

通常学級における学習は学習指導要領[77][78]に沿って行われますが、教科ごとにどの学年で何を学ぶのかが決められています。ですから知的障害を抱えて通常学級に在籍している場合には、理解の程度とは関係なく学習が進んでいく可能性もあります。

場合によっては家庭やそのほかの教育資源を使って対応できるかもしれませんが、現実には学習課題と関係ない作業課題を与えられたりして、その子の状況に合わせた教育ができていない場合もあります。

地域によって異なりますが、通常学級と特別支援学級を弾力的に運用している場合もあります。たとえば通常学級に在籍していて、国語と算数の学習がうまく進まない場合に、その教科だけ特別支援学級で学習するという形です。カバーしているうちに少しずつ理解できるようになる場合もあれば、ほかの教科もうまくいかなくなり、特別支援学級、あるいは特別支援学校への転籍になる場合もあります。

特別支援学級では必ずしも通常学級の学習指導要領に沿って学習が進むとは限りません。必要に応じて、後述する特別支援学校の学習指導要領を参考に学習することも認められています。たとえば知的障害を対象とした学級では教科書を使わずに学校で作成したプリントなどで学習をしたり、在籍学年と異なる学年の教科書を使っていたりすることもあります。

特別支援学校には特別支援学校の学習指導要領[79][80]があり、知的障害に対する学習指導要領解説[81]もあります。高校は特別支援学級が設置されていないことが多いために、中学校の特別支援学級を卒業した子どもが特別支援学校の高等部に進学する場合も多いです。

個別教育支援計画と個別指導計画

特別支援学級、特別支援学校在籍の子どもたちには「個別教育支援計画」「個別指導計画」をおもに学習面と生活面について作成することになっており、その内容は特別支援学校学習指導要領[79][80]に示されています。通級による指導も同様です。

２０２３年度から実施された障害者基本計画において、教育、医療、福祉、労働等の関係機関が連携・協力を図り、子どもたちの生涯にわたる継続的な支援体制を整え、各年代における望ましい成長を促すため、個別の支援計画を作成することが示されました。この個別の支援計画のうち、教育機関を中心に作成するものを個別の教育支援計画といいます。

個別の指導計画は、教育課程を具体化し、障害を抱えた子どもたち一人一人の指導目標、指導内容および指導方法を明確にして、きめ細やかに指導するために学校が作成するものとされています。この２つの計画は通級による指導においても必要となります。

実際の学校での生活はこれらの計画に沿って行われることになります。できるようになった課題を消して新たな課題を書き込む必要がありますし、その内容は学校と家庭だけではなく、放課後等デイサービスやときには医療機関とも共有する場合があります。83ページの多機関連携も参照してください。

これまでにも特別支援教育の流れはいろいろと変わってきました。将来的には後述する合理的配慮やＩＣＴ（information and communication technology）を取り入れることによってまだまだ変わっていくと感じています。

通級による指導

通級による指導は、学校教育法施行規則１４０条の一部改正により制度化されました。１９９３年４月から小・中学校に導入され、その後２０１８年４月から高等学校にも導入されました。施行規則には対象者として発達障害は記載されていますが、知的障害の記載はなく、知的の特別支援学級在籍者は対象外となっています。

しかし知的障害を抱えていても、通常学級に在籍していれば利用可能な場合もしばしばあります。自治体によって利用方法が異なり、就学前に申し込む必要のある自治体や、就学後に必要に応じて利用できる自治体もあります。すべての学校に設置されているわけではなく、在籍校に設置されていない場合には設置校まで通う必要があります。

一般的には個別あるいは少人数で、週に1〜2回、2〜4時間の利用が多いです。そこでコミュニケーションなどのトレーニングをすることもあれば、学習の補充をすることもあります。通級による指導と在籍学級との連携がうまくいかない場合、通常学級を離れて利用するために特定教科の学習時間数が減ってしまうなどの問題点もあります。個別の教育支援計画や指導計画を作成し、在籍級との連携も行うことになっています。

しかし少人数での教育やトレーニングを受ける機会は通常学級では少ないので、うまく機能すれば利用価値は高いと考えられます。1人の教員が担当する児童・生徒数は13人までとなっています（2023年時点では充足に向けた移行期間[82]）。

就学前の学びの場

就学前の子どもたちは知的障害を抱えていても、児童発達支援（第5章）などではなく保育園・幼稚園・認定こども園に通うこともあります。保育園はもともと教育の場としては位置づけられていませんでしたが、保育所保育指針の改定で幼児教育の場として明記されました。保育園でも後述の障害児枠の利用も含めて包括（インクルーシブ）保育を始めているところもありますし、それは幼稚園やこども園でも同じです。

ただし、保育園、認定こども園で0歳児保育からスタートした場合、はじめは知的な発達の遅れはわかりません。2歳、3歳と年齢があがるにつれて生活習慣の習得や言語理解、言語による指示の理解と実行などの遅れが明らかになり、知的障害の診断に結びつくこともあります。その際、対応に手がかかる場合には障害児枠（自治体によって育成保育などと呼称）に移る、人員配置を増やす（加配という）などによって対応することになります。そのための手続きに医療機関からの診断書が必要な場合もあります。

幼稚園は3歳以降の入園が多いですが、知的障害を抱えていても受け入れ可能な園も増えてきています。手続きが必要な場合が多いですが、加配によって対応することもあります。私立の場合には、保育園、幼稚園ともに対応のための補助金が自治体から支出されるため、その際も医療機関の診断書が必要となることが多いです。なお幼稚園での学習内容は幼稚園教育要領[79]でも触れられています。

保育園、幼稚園、認定こども園は児童発達支援と曜日や時間を分けて通うこともできます。児童発達支援の中には保育所等訪問支援という制度（96ページ）もあります。また保護者、園、児童発達支援、ときには医療機関も加わり連携ミーティングをすることもあります。最近ではオンラインミーティングも行われるようになり、著者も何度か経験しました。障害の理解や対応を学ぶ「保育士等キャリアアップ研修」などの職員研修もオンラインを含めて行われるようになってきています。

小学校入学に向けて

知的障害を抱えていると、多くの場合には言語発達の遅れがみられます。なお、未就学児が通所することも多い児童発達支援サービスについては第5章で触れます。

学校教育法では、満6歳になった次の4月に小学校に就学することとされており、就学先は通常学級、特別支援学級（知的、情緒）、特別支援学校のいずれかになります。簡単には認められませんが、就学を1年延期する就学猶予という制度もあります。(83) 就学猶予は市区町村によって認める、認めないは分かれますが、もし申請するのであれば、申請書、医師の意見書、猶予による1年間の計画書などを添えて申し込みます。

就学相談

多くの市区町村では就学前年の5～7月ごろから教育委員会で就学相談が始まります。生活上の困難を抱えているからといって受ける義務はないですが、就学相談を受けないと特別支援学級や特別支援学校の見学を受け入れていない市区町村もあります。

就学相談を受けると、そのあとに知能検査（田中ビネーVやWISC-Ⅳが多い）を受け、その数値によって就学先を勧められる場合もあります。その数値が絶対的なものでないことは前述（22ページ）のとおりですが、いったん判定された数値はそのあともついて回り、判定などに用いられることもあります。それに疑問がある場合は医師の意見書などを添えて話し合うことになります。

ただそこで発達の遅れを「数字」で指摘されると、それが今後も変わらない事実と認識して、その後の子どもの成長に否定的になってしまう方もおられます。その中には実際の診察結果とあわせると「数字」が適切に判定されていないと考えられる場合もあります。すなわち診察では明らかな発達の遅れはみられないのに数値が低い場合です。

もちろん就学相談自体が受ける義務があるものではないので、そこでの勧告に従う必要はありませんが、自治体によっては断定的に勧める場合もあるようです。また最初から特別支援学校を希望している場合には、就学相談で事実上就学先が決まり、就学時健診を受けなくてもよい自治体もあります（歯科、耳鼻科、眼科などは別途受診を勧められる）。

就学時健康診断

そのあとは10～11月ごろに就学学区の小学校で就学時健診を実施する通知がきます。この健診は教育委員会には実施義務がありますが、住民には受診義務はありません。ですが受けないことによって希望する就学先に就学できなくなる可能性もあるので、受診しないことはお勧めしていません。そこでは内科健診、歯科健診、耳鼻科・眼科健診のほか簡単な発達検査を受ける場合が多いです。

検査によって知的課題があると判断されれば、就学支援委員会（教員と学識経験者で構成。地域により名称が異なる）で、行動観察や簡単な課題の実行、生活面についての聞き取りなどが行われ、委員会から適切と考えられる就学先が勧告されます。その勧告に基づいて教育委員会、各小学校は保護者に勧告内容を通知します。その勧告に納得できないときには医師の意見書も含めて交渉することになります。

著者は過去に委員を15年近く務めましたが、それまでの成育状況などを知っている場合はともかく、短時間の行動観察と検査結果で就学先の勧告を決定することには、違和感を覚えたこともあります。勧告先を変更する場合には、再度委員会での検討を必要としている地域もあります（教育委員会での相談と行動観察で可能な地域もある）。

学校との情報共有

１月ごろには就学通知が配布され、それによって就学先が確定します。著者が勧めているのは、特別支援学級、特別支援学校に就学する場合には、各学校は就学後に個別支援計画を作成する必要があるので、就学までに子どもの状況や課題を簡潔にまとめて学校と共有することです。通常学級に就学する場合でも、就学後に何らかの配慮を学校に依頼する場合には作成を勧めています。それにより個別の教育支援計画（特別支援学級・特別支援学校では作成が義務。通常学級でも作成することもある）が作成しやすくなります。作成例は資料に示しました[84]。自治体のサポートブックもありますが、ページ数が多い場合にはなかなか情報を共有してもらえません。ですから参考資料のようにＡ４判で２枚程度（Ａ３判１枚）にまとめることを勧めています。

学校に就学後の配慮を依頼する場合には、就学通知が届いたあとの２月ごろが適切だと思います。この時期であれば就学後の担任を含めて人事が固まっていないこともあり、管理職、特別支援教育コーディネーター、養護教諭など複数の教職員に情報共有をお願いすることもできます。そのときに準備した書類を渡すことを勧めています。

通常学級に限らず特別支援学級でも、障害への対応として補助員などの人員配置を行うこともあります。先ほどの加配に相当するものですが、要望に応じて実際に行うかどうかは校長の考え方にもより、また予算計上が必要なことから地域差もあります。

なお、特別支援学校に就学する場合には（自治体によってはそのあとも）所得制限はありますが、特別支援教育就学奨励費が受給できます。呼称や内容は自治体によって差があるので、教育委員会に問い合わせてください。

就学先を決めるときに

子どもが知的障害を抱えていると判定された場合に、最終的にどのように就学先を決めるのかは保護者にとっても大きな問題です。特に生活面の困難をそれほど感じていないのに、就学相談での発達検査の結果から特別支援学級や特別支援学校を勧められた場合、そんなものかなと納得してしまう場合もあれば、違和感を覚える場合もあると思います。

生活課題とステップの表（51ページ）で①②のみの場合には特別支援学校への就学が多いと思います。③④は理解がどの程度できているかも考える必要があり、表出が不十分でも理解ができている、指示に沿ってある程度行動ができている場合には、特別支援学校だけではなく、特別支援学級も選択肢に入ると思います。

⑤ができる場合には、そのほかの生活習慣も考慮する必要がありますが、通常学級への就学もありうると思います。子どもたちの獲得する能力（学力だけではなくコミュニケーションや生活能力）によって、就学時点とは異なる在籍級になる場合もあります。

就学勧告に違和感を感じる場合には以上の点も参考にしてください。なお就学勧告と異なる就学先に就学することも可能ですが、手続きは教育委員会によって異なり、医師の意見書などが必要な場合もあります。

どの学級に就学しても、小学校在学中の転籍（通常級⇕特別支援学級、特別支援学級⇕特別支援学校）もありえます。入口でこの学校に入学したから、出口（卒業）も同じとは限りません。著者が診ている子どもたちでも毎年のように転籍はあります。以前は特別支援学級から通常学級、特別支援学校から特別支援学級のような転籍は難しいこともありましたが、最近ではそのハードルは下がってきています。

なお、知的障害を抱えていると判定された子どもが不登校になり、後述の不登校特例校に転籍したケースもありました。小学生～高校生が利用することが多い放課後等デイサービスは第5章で触れます。

中学校（中学部）に向けて

中学校には通常級（国公立、私立）、特別支援学級（公立：知的、情緒）、特別支援学校

（国公立、私立）、不登校特例校（公立、私立）があり、最近では通常級や特別支援学級に在籍したまま、並行でオンラインを含む通信教育を受けている子どもたちもいます。

小学校から中学校へ進学する際に転籍する子どももいますし、小学校入学時には知的障害と診断されて入学したのに、卒業後は私立の中高一貫校を受験して合格した子どもも経験しました。みんながどんどん伸びるという意味ではなく、最初の知的障害の診断がどうだったのかなというケースも経験しました。

中学校（中学部）では小学校（小学部）と異なり、教科担任制の学校が多く、1人の子どもに複数の教員がかかわるようになります（小学校でも複数担任や補助教員・学習補助員が配置されていますが、かかわる人数が増えることが多い）。そのため担任教師にほかの教員との共通認識を形成する役割を期待することが多くなります。就学前につくったような文書をもとに、保護者と学校が子どもの得意・不得意、生活習慣、生活上の問題点などについて話し合う手伝いをすることもあります。

中学校以降では将来の就労に向けて自立活動に割く時間が増えるため、学習時間が少なくなる傾向があります。もっと学べば世界がもっと広がり、就労の範囲も広がるのではと感じることもありますが、すり合わせは簡単ではないようです。

高等学校（高等部）

高校卒業には基本的に74単位が必要です。そこに学外での学び（大学、他校などでの授業含む)、資格取得、職業体験、ボランティアなど多彩な活動に単位を付与することが可能になれば「学びの広がりと楽しさ」につながると考えています。そうなれば知的障害を抱えている子どもたちの選択肢も広がると思います。なお現在では一般に知られているよりも多彩な選択肢が出てきています。

たとえば東京都の場合、普通高校は特別支援学級からも受験ができます。出願にあたっては内申書の部分に斜線が引かれるので、入試の結果のみが合否の対象になります。実際に軽度の知的障害を抱えて、中学校の特別支援学級から都立の普通高校に進学した子どももいます。

普通高校のほかにも中間型高校(東京都ではエンカレッジスクール。蒲田高校などの普通高校型や、練馬工科高校などの工科高校など:公立、私立)では、受験にあたって内申書と作文、面接などを課している学校が多いようです。

桐ヶ丘高校など定時制・総合学科方式(チャレンジスクール)の学校もありますし、新宿山吹高校のように定時制・単位制の高校や、軽度の知的障害を抱えていても習熟度別学習により対応している学校も増えてきています。

高校の特別支援学級設置の動きもありますが、当面は発達障害が対象となるようです(明確には分けられませんが)。

ほかにも単位制高校・定時制高校もありますし、最近では通信制高校も増えています。たとえば東京都では公立の通信制高校が3校あり、授業料は選択科目数によります。私立ではＮＨＫ学園と望星高校は年間およそ30万円、Ｎ高オンラインで50万円弱（スクーリング経費別、通学の場合は異なる）、高額な学校は70～120万円の授業料がかかります。通信制といってもすべてオンラインではなく、週に1～5日の通学がある場合もあります。

特別支援学校高等部に進学した場合には74単位は取れません（高等学校卒業とはならない）が、特例として大学などの受験は可能です。特別支援学校高等部には知的対象の場合でも、通常の特別支援学校、就労特化型の特別支援学校（東京都では永福学園など）、職能開発型の特別支援学校（東京都では港特別支援学校高等部の職能訓練科など）などがあります。

都道府県によって制度設計は異なります。普通高校の中に特別支援学校高等部を設置し、そこで交流や職業体験を行う試みも始まっています。

特別支援学校の高等部では学習よりも自立活動、特に就労に向けた体制づくりが中心になる学校が多く、教科学習は少なくなるところが多いです。学びとる内容が増えれば、就労の幅を広げられると考えていますが、現実にはなかなかそうはいきません。今後も選択肢は増えていくと思いますが、障害を社会モデルとして捉える考え方が進めば、サポートするための教育資源も増えていく可能性があります。

なお高等学校（高等部）は義務教育ではありませんので、退学しても居場所が見つからないことがありますし、退学すると利用していた放課後等デイサービスの継続利用（小学校～高校・高等部までの在籍が利用条件）もできなくなります。

高等学校（高等部）以降

卒業後は就労とは限りません。生活（自立）訓練や就労移行支援に進む場合もありますし、大学進学を考える場合もあります。生活（自立）訓練は障害者総合支援法[2]第5条に規定されており、買い物やATMの利用、公共交通機関の利用などのほかに振り返り学習、すなわち学び直しをしているところもあります。[85] 基本的には24か月以内です。

実際に数か所の生活訓練の場を見学してお話をうかがったことがありますが、生活能力を上げて学習能力を上げることで、高等部卒業後そのまま就労した場合に比べて、賃金（工賃）がより高くなる傾向があるそうです。

就労移行支援は197ページでも触れますが、就労に向けた実習やカウンセリングを受けて就労や就労継続支援（A型、B型）につなげることが目的です。これは障害者総合支援法第5条に定められています。前年の所得がない場合には無料になります。基本的には24か月以内に1度だけ受けられますが、最近では複数回受けることができる自治体もあります。就労後の支援体制も含めて内容には事業所による差が大きいと感じています。

就労移行支援事業は著者も何か所か見学しましたが、近年は生活訓練と就労移行支援を2年ずつ行う「福祉型カレッジ」も増えてきました。株式会社やNPOが運営するものですが、特別支援学校をでてすぐに就労するのではなく、もう少しの訓練と学びの強化によって生活上の困難を減らし、よい高い収入に結びつけようとするものです。福祉型カレッジとうたわずに生活訓練と就労移行支援をセットにしている事業所もあります。

そのほかにも障害者職業能力開発校（都道府県が設置）や民間の職業能力開発校などもあります。知的障害の状況にもよりますが、芸術系や農業系などの専門学校や大学校（学校教育法上の大学とは違い、分野特化型が多い。公立もある）でさらに能力の向上を目指す場合もあります。

特別支援学校高等部卒業と同時にA型やB型の就労（本来は就労ではなく就労継続支援事業：197ページ）を目指すこともありますが、実際には作業所など（就労というよりも生活場所に近い）での生活介護のほうが多いです。

2022年の状況は、高等部卒業者1万8489人、進学0・4％、教育訓練1・3％、就労34・0％、社会福祉施設入所・通所60・4％（うち59・3％が就労系支援事業：A型かB型、残りは生活介護）となっています[46]。地域差がありますが、以前に比べて生活介護は減っています。就労については第11章でお話しします。障害者就労と障害者総合支援法の詳細は参考図書[85]もご覧ください。

海外では、知的障害を抱えていても大学教育を受けさせようという動きもあります[86]。通常とは異なる学習形態や単位取得形態のようですが、特別支援教育における包括（インクルーシブ）教育という面を考えると、わが国でも機会を広げていけたらと考えています[87]。

不登校

不登校が増加していることはよく知られており、2022年度の不登校児童生徒は30万人弱にのぼったという報告があります[88]。この報告には特別支援学校は含まれておらず（同報告のいじめの項目には特別支援学校も計上）、小中学校のうち特別支援学級の児童生徒の内訳が示されていませんが、実際に特別支援学級や特別支援学校に在籍していて不登校になった子どもたちの相談経験も少なくありません。

また知的障害を抱えていても通常学級に在籍している子どももいますし、それらの子どもたちが不登校になることもあります。どの学校に在籍していても、子どもたちにとって学校は学習の場だけではなく生活の場でもあります。そこが「安全」で「安心」して過ごせる場所でなかったとしたら、著者は原因の如何を問わず不登校はひとつの選択肢だと考えています。

将来の社会生活のためであったり、学習の遅れが心配ということよりも、安全・安心は常に優先すべきだと思います。いじめについてはこれまで著書でも触れてきましたが[89][90]、教員による不適切対応とならんで不登校につながる要因だと考えています。

知的障害を抱えている場合には、学習内容を本人の状況に適合させることがしばしば困難（特に読み書きや算数の障害を合併している場合）になります。子どもは理解できなくて退屈したり、逆に課題が能力より低く設定されていてやりたがらなかったりして、不登校につながった事態も著者は経験しました。

可能な場合には学校と環境設定や課題設定について協議をすることもありますが、調整がつかず介入できない場合もあります。不登校の場合、両親が就業していると本来学校にいる時間の居場所がないという問題もあります。

先述の不登校特例校もありますが、まだまだ数が少なく利用しやすいとはいえませんし、民間のフリースクールは高額になりやすい面もあります。しかし放課後等デイサービスには不登校になった子どもたちのために通う時間を長くしてくれている施設もあります。また学校も図書室登校を認めてくれたケースもありました。教育委員会によっては適応指導教室（呼称は自治体によりさまざま）を設置しているところもあります。

著者もある自治体の適応指導教室の設置にかかわったことがあります。そのときは学びだけではなくいろいろなことができるように、室内の運動スペース（卓球や体操が可能）と調理スペースを学習スペース以外に確保しました。

いじめ

通常学級のみならず特別支援学級でも特別支援学校でもいじめは起こります。文部科学省によるいじめの定義は「児童生徒に対して、当該児童生徒が在籍する学校に在籍している等、当該児童生徒と一定の人的関係にある他の児童生徒が行う心理的又は物理的な影響を与える行為（インターネットを通じて行われるものを含む。）であって、当該行為の対象となった児童生徒が心身の苦痛を感じているもの」とされています。(88) 特別支援学級でのいじめ件数は、公表されているいじめの認知件数のデータでは分類されておらずわかりませんが、特別支援学校では2022年に約2600件のいじめが認知されています。

これまでも知的障害を抱えた子どもたちのいじめ事案にかかわってきましたが、特別支援学級や特別支援学校では、暴言を吐く、たたく、つねるなどの行為が意図的ないじめなのか衝動的な他害行為であるのかがわからない場合もあります。

また知的障害を抱えている場合にはコミュニケーション能力の乏しさから、いじめなどの被害を訴えたり説明したりできない場合もあります。不自然な傷やあざがあった場合、まずは日時を入れて撮影し、学校で起きたのであれば学校に、放課後等デイサービスで起きたのであればその施設に説明を求めることになります。

いじめは学校や施設にとっては不都合な真実なので、なるべく外に出したくないという対応、すなわち「がまんしてくれ」「おたくのお子さんにも責任があるかもしれない」などの言葉が投げかけられるかもしれません。しかし、いじめは対応しなければくり返されているうちにひどくなってくることが多いので、気づいたら対応が必要です。

学校や教育委員会に相談してもうまくいかない場合には、自治体の法律相談などで弁護士に相談する方法や、けがなどは医療機関で診断書をもらって警察に届ける方法もあります。だまっていても状況はなかなか改善しません。

いじめが明らかになり、改善しない場合には学校を休ませることも対応のひとつですし、いじめによって傷ついた子どもの気分転換に外出するなども有効です。いずれにせよ、いじめを認識した場合には、黙っていないで周りが代弁者（アドボケーター：advocator）として声をあげ、協力することが必要です。

多機関連携

知的障害を抱えた子どもたちは学校だけではなく放課後等デイサービスや、各種福祉サービス、医療機関や相談機関を定期的に利用している場合もあります。そうしたときに子どもの抱えている社会生活上の困難や課題を個人情報に十分注意しながら、各機関で共有することも可能です。

最近ではオンラインで複数の場所をつないでミーティングができるようになりました。著者も家庭、保育園、幼稚園、学校、放課後等デイサービスなどを結んだミーティングには何度も出席しています。過去には児童相談所や発達障害者支援センターなどとつないだこともあります。

子どもに関する相談の場合、保護者（親権者）にも極力出席してもらうことで、話してほしくない情報にストップをかけられるようにすること、そしてミーティングを動画で保存した場合には一定期間経過後に消去することを勧めています。子どもへの対応が場所によって異なるためにうまくいかない場合には、こうした多機関連携を勧めています。

モラトリアム

たとえば10歳から特別支援学校高等部を卒業するまでは8年間ですが、知的障害を抱えた子どもたちは、そこで社会に出されてしまうこともあります。一方で障害を抱えていない子どもたちは専門学校や大学などを含めて社会に出るまでに10年以上の期間がある場合も少なくありません。

発達を含めて社会生活上の困難を抱えて、いわばそれまでは「ゆっくり」と言われてきた子どもたちがなぜ「困難」を抱えていない子どもよりも早く社会に出ざるを得ないのか。もっとゆっくり趣味を見つけて磨いたり、いろいろな場所や人に触れ合うことで経験を増やしたりするモラトリアム（猶予期間）をもつことがなぜできないのか、長い間の疑問でした。モラトリアムをもつことにより、ひたすら就労を目指す場合よりも趣味や余暇活動につながるものを見つけたり、身につけられたりする可能性もあります。

著者は障害を抱えた子どもたちへ対応する生活を45年あまりしていますが、40年前には障害者就労や就労支援（移行支援も継続支援も）もありませんでした。ごく一部の企業が就労を受け入れていましたが、精神薄弱と呼ばれて社会から疎外される状況でした。

その後、児童福祉法[91]をはじめとする法令改正などもあり、生活介護などの整備がなされるようになってきましたが、そこではとにかく「就労できれば」「お金が稼げれば」いいという意識がとても強かったように感じています。

これまで知的障害を抱えている方々のサポートもしてきましたし、実際に生活介護を行っている作業所を訪問したり、お手伝いしたりしたこともあります。そこで出会った方は、40歳を過ぎても単純作業の毎日で、会話も２語文程度なのですが、ノートには出かけたときの道順などが車の中からの景色とともに書かれていたり、路線図の駅名がすべて漢字で書かれていたりしました。もし子ども時代に適切な教育を受けることができたら、現在の居場所はここではなかったのではないか、重度の知的障害と診断されることもなかったのではないかと感じたこともあります。

知的障害を抱えた方の就労がままならなかった時代も知っていますが、最近の20年間、特に10年間は、就労については十分とはいえないもののかなり展望が開けてきました。一度の就労で人生が決まるわけでもありませんし、障害を抱えている場合、初任給の額がそのあとも続く場合もあります。

著者は可能であればモラトリアムを使って世の中には楽しいこともいろいろあることを知り、趣味をもつことによってその後の生活を安定させてほしいと思います。そして、最終的には初任給ではなく、生涯賃金（所得）が多くなることを願っています。

GIGAスクール構想とICT

２０１９年から文部科学省はＧＩＧＡ（Global and Innovation Gateway for All）スクール構想を推進しています[92]。これは児童生徒向けの一人一台端末と、高速大容量の通信ネットワークを一体的に整備することをうたっており、学校での学習と家庭学習の連続性も確保しようというものです。通常学級だけではなく、すべての子どもを対象として、特別支援学級や特別支援学校でもＩＣＴ（Information and Communication Technology）機器が導入され始めています。

知的障害を抱えている子どもたちも、今や生まれたときから周りにＩＣＴ機器があり、それに触れながら育ってきたデジタルネイティブ（digital native：生まれながらデジタルに接している）です。子どもたちはＩＣＴ機器を「感覚的に」操作するので、使えるようになるのは知的障害を抱えていても多くの場合に可能です。

特別支援教育におけるＩＣＴについては、文部科学省がまとめた資料があります[93]。その中で知的障害を抱えている場合には、抽象的な概念を視覚的に理解しやすくする（視覚的に数の概念を教える）、発語による意思表示が困難な場合にアイコンを押すなどで意思表示ができるようにすることを例として挙げています。特別支援教育におけるＩＣＴの民間資格などもありますが、大切なことは「教えようとして大人がごちゃごちゃ言う」のではなく、子どもに実際に触らせて使わせることです。そこで困っていたら手助けの出番です。

ＩＣＴ機器に文字や絵文字、シンボルなどを表示させてそれを指さす、指さしたものを相手に音声で伝える、会話を録音して速度を落としてゆっくりと何回も聞いて理解する、板書を撮影して文字認識ソフトで読み上げる（電子黒板ならばより簡単）、１日のスケジュールを表示し、通常と変わったところにはサインを出すなど、さまざまな使い方ができます。

これまでの経験では、特別支援学校では以前から音声出力装置などを使っていたり、学習空間をわかりやすく構造化するなどの知見があったりします。そして学級の子どもの絶対数が少ないために、ＩＣＴをそれぞれの子どもに合わせて取り入れたり、家庭や放課後等デイサービスと課題を共有したりすることもすでに始まっているようです。

特別支援学級では、ＩＣＴを積極的に使用してインターネットでの画像検索や動画視聴にまで応用している学校がある反面、子ども一人一人に合わせたレベル設定が難しいために導入がうまくいかない、まったく使っていない学校もあるようです。

また、学校だけではなく家庭も含めて、それが理解できる子どもたちには表計算ソフトの使用を勧めています。そこでこづかい帳を記録する、簡単な日記を書く（就労後の日報につながる）こともお勧めです。プレゼンテーションソフトに撮影した写真を載せたりすることも楽しい作業になります。

ＩＣＴ機器の使用にあたっては181ページでも触れますが、してはいけないことの教育、すなわち個人情報は自分や他人も含めてインターネット上に流さない、ＳＮＳ（social networking service：ⅩやFacebook, Instagramなど）では他人の批判をしない、誤送信をさけることなどを教えるように学校や家庭にお願いしています。通常学級で使用している教科書には２０２４年からＱＲコードを使った補助的動画解説も取り入れられますので、知的障害を抱えていても、学びの幅が広がっていくことが期待されます。

学びは続く

8歳でできなかったことは15歳でもできないことを意味するわけではないことは先にもお話ししましたが、学習を進め、コミュニケーションスキルを上げる（第7章でお話しします）ことによって生活も楽になり、場合によっては成人期の収入も増え、周りからのサポートもしやすくなります。

子どもの時期は発達期ですから障害が固定しているとは限りません。そもそも障害という診断が正しいかどうかもわからないことはよくあります。何が苦手で何が難しいのかを行動観察や評価、家族、学校やときには本人とのインタビューから把握して対応を考え、そしてそれを共有しながら成長をサポートしていきます。

何歳になっても伸びていくことは可能ですし、学びは一生続いていくものだと考えています。著者も70歳をとうに過ぎましたが、新しい、知らなかったことに出会うとワクワク感を感じることがよくあります。

生活介護（198ページ）の事業所にいってみると、適切な教育や介入・対応があれば居場所がここではなかったかもしれないと感じる方がおられます。また、特別支援学校高等部のときはひとりで電車とバスを使って通学し、学校帰りに頼んだものを買ってきてくれたりしていたのに、作業所での生活が20年を過ぎてくると、毎日の送迎と軽作業、休日は家でごろごろテレビやゲームの生活になってしまい、ひとりでの外出はもとより買い物などあり得ないという状況になってしまう方もおられます。

いったん知的障害と診断されてしまうと、保護者も学校も子どもの能力を低く評価する場面に出会います。本当は理解しているのに、わからないだろうと思って課題設定が低くなることもよくあります。何ができて何ができないかの見極めは、一度だけでなくくり返して行い、挑戦する課題を適切に設定することが学習意欲の低下を防ぎます。

実際よりも能力を低く評価すると、できないから助けなければという過干渉につながり、そうすると子どもの意欲も低下するという悪循環にもなりかねません。簡単なようにみえても日々少しずつ学びをくり返していくことが、将来の生活の質を落とさないためにも大切なのだと感じました。

第5章 社会資源

知的障害を抱えている、疑われているときの相談窓口は、市区町村の障害福祉担当部門の児童担当（呼称は自治体による）が併設されている福祉事務所、保健センター、児童相談所、保健所などがあります。福祉サービスの受給や手当の給付などは障害福祉担当部門に相談してください。発達障害の合併があれば都道府県などの発達障害者支援センターでも相談を受けています。就労の場合には198ページのようにハローワークへの相談も可能です。なおわが国では、サービスを受ける、給付金を受け取るなどは「申請主義」です。自動的に支給されることも、サービスを案内されることも基本的にはありません。ですから制度を知っておかないと利用できません。

公的支援の窓口

市区町村の窓口としては障害福祉の担当部門や福祉事務所がありますが、特別児童手当などの給付も申請主義ですから、行政のほうから勧めてくることはありません。また児童発達支援・放課後等デイサービスなどに通うための受給者証の発行も行っています。地域の乳幼児医療費が無料でも、地域外での受診の場合にはいったん医療費を支払う必要がありますが、あとで手続きによって償還されます。

福祉関連の手続きは基本的にここで行います。また、児童相談所とならんで児童虐待の相談窓口にもなります。家庭児童相談員などによる子育て相談などを行っている自治体もあります。

市区町村の保健センターには発達についての相談窓口が設置されていますし、発達検査や知能検査が可能なところも多く、発達相談の日時を設定している場合もあります。乳幼児健診（42ページ）のフォローアップ事業はここが担当です。発達検査や知能検査は教育センターなど教育委員会の組織でも可能な場合もあります。

児童相談所は都道府県、政令指定都市、中核市などが設置しています。療育手帳の発行（37ページ）は18歳未満であれば児童相談所の担当なので、発達状況などの聞き取り、行動観察、知能検査などを行って該当すると判定されれば手帳が交付されます。

児童虐待への対応も児童相談所の担当ですが、件数の急増から対応に追われている児童相談所が多いです。しかし成長発達から不登校や非行まで子ども（児童：18歳未満）に関する相談は基本的に児童相談所の業務です。児童虐待を受けた子ども、触法行為をした子どもの一時保護も役割のひとつです。

児童発達支援・放課後等デイサービス

いずれも児童福祉法第６条の規定に基づき、児童発達支援は基本的に未就学児、放課後等デイサービスは学校（小学校〜高校、特別支援学校高等部を含む）に就学している障害を抱えた子どもが対象です。前者はそれぞれの施設が定める時間に、後者は放課後や学校休業日（長期休みを含む）に事業を実施しています。１日当たりの受け入れ人数はどちらも最大10人ですが、重度障害に対応する最大５人の施設もあります。

人員職員配置基準は共通で、管理者と児童発達支援管理責任者（児発管）、保育士あるいは児童指導員、そのほか状況に応じて看護職、言語聴覚士や理学療法士、作業療法士などが加わる場合もあります。

２０２４年に障害者総合支援法[2]が改正され、報酬改定も行われます。施設の位置づけが「総合支援型」と「特定プログラム型」になります。

児童発達支援では、障害のある子どもに対し児童発達支援センター等において、日常生活における基本的な動作の指導、知識技能の付与、集団生活への適応訓練その他の便宜を提供するものとされています。保育所などへの訪問や障害を抱える子どもの家族への支援や助言を行っている場合もあります。設置主体は自治体からの委託、指定管理者、民間などさまざまです。放課後等デイサービスを併設している場合もあります[94]。

放課後等デイサービスは、支援を必要とする子どもに対して、学校や家庭とは異なる時間、空間、人、体験等を通じて、個々の子どもの状況に応じた発達支援を行うことにより、子どもの最善の利益の保障と健全な育成を図るものとされ、設置主体は民間が多いです。[95]いずれも利用にあたっては市区町村の発行する通所受給者証が必要です。受給者証は自治体判断でも発行できますが、多くの自治体では医師の診断書に基づいて発行しています。療育手帳があれば診断書が不要となる自治体もあります。通所したい施設と相談して障害児通所給付費支給を自治体に申請し、支給が決定すれば受給者証が発行されます。月間の利用日数は自治体によって上限が異なっています。基本的には利用者負担は1割、自治体負担が9割です。月間の負担限度額は所得制限もあり、自治体によっても異なりますが、４６００円前後が多いです。

通所にあたっては児童発達支援管理者がサービス計画をたて、それに基づいて個別の教育支援計画が立てられます。

児童発達支援デイサービスは多くは送迎がありませんが、放課後等デイサービスでは送迎のあるところ（学校まで迎えに来て自宅に送り届ける）も多いです。

サービス内容

児童発達支援、放課後等デイサービスはいずれも個別対応をしている場合もありますが、多くは小集団でサービスを提供しています。対応は児発管の計画に沿って行われます。受給者証の使えない自費で利用する施設では、サービス内容を保護者と協議します。

児童発達支援

児童発達支援の設立主体は半公的（社会福祉会、社会福祉協議会など）な場合と民間の場合があります。社会福祉会などが運営している場合には、当時の児童福祉法による精神薄弱児（のちに知的障害児）を対象として設立された施設が多く、送迎サービスのあるところが多いです。またほとんどが小集団での対応をしています。

そのほかに民間の法人などによるものがあり、実数は民間のほうが多くなっています。民間の場合には単立、チェーン（直営とフランチャイズ型）があり、送迎は行っていないところが多いです。知的課題を抱える場合には、コミュニケーションや生活課題が対応の中心となり、基本的には個別対応が望ましい場合が多いのですが、実際には小集団対応のほうが多いです。

また、次に示すプログラムを行うところには、受給者証の使えない、自費対応（施設により料金はさまざま。通所型、訪問型など）の事業所・個人も大都市圏を中心にあります。

ABA《エービーエー》（Applied behavior analysis：応用行動分析[96]）やPECS《ペクス》（Picture Exchange Card System：絵カード交換式システム[97]）、TEACCH《ティーチ》（Treatment and Education of Autistic and related Communication-handicapped Children[98]）などは、もともと自閉症スペクトラム障害を抱えた子どもたちが対象でしたが、知的障害は自閉症スペクトラム障害の合併も多く、行動やコミュニケーション面での進歩は生活内容にも周囲からの支援の受けやすさにもつながることから、知的障害への介入にも応用されるようになってきました。それぞれの内容は第7章で再度お話しします。

個別の介入・対応を行う施設だけではなく、児童発達支援、放課後等デイサービスや特別支援学校でも取り入れている施設があります。ただABAやPECS、TEACCHを対応の内容としてうたっていても、その内容や実施法はさまざまです。

放課後等デイサービス

放課後等デイサービスはほとんどが民間事業者で、単立、チェーン展開事業所がありまり。しばしば学童（放課後児童クラブ）と混同されますが、学童はほぼ自治体直営か指定管理者等により管理されるもので、基本的に小学校下校後の子どもを預かる場所です。小学校3～4年生までが多く（障害を抱えている場合は小学校6年生まで利用可能な自治体もあり）、個々へのサービス計画はなく、送迎もありません。小学校敷地内あるいは近くに設置されていることが多いです。

放課後等デイサービスは施設によって対応や運営方法に大きな差があります。軽度の障害に限って受け入れる、重度の障害を抱えた子どもを中心に受け入れるなど施設によって対象も異なりますし、預かり中心、学習やコミュニケーションのトレーニングを行う、運動療育を行うなどさまざまです。子どもの居場所を確保するという目的も含めて預かり中心の施設が多いですが、最近では学習や運動などをうたっている施設もあります。放課後デイサービスは利用料金が決まっており、内容を広げると送迎が難しくなることから、こうした特色ある対応をする放課後デイサービスでは送迎がない施設も多いです。

著者の発案・監修したトレキング(99)も元来は発達性協調運動障害(133ページ)への対応として開始したものですが、ＭＲ(mixed reality)技術を応用し、プロジェクターによるプロジェクションマッピングと体動センサーを用いています。それをコンピュータ上のプログラムで動かしているので再現性(常に同じ内容のトレーニングができる)、定量性(ゲーム形式なので得点で上達度がわかる)を確保しています。２０２３年末には全国で40程度の放課後等デイサービスに導入されています。

放課後等デイサービスは急激に施設数が増加したこともあり、自治体によっては新規開設を制限している場合もあります。また営業形態や内容も多様であることから、通所しやすい施設、予約すら困難な施設などさまざまです。

なお児童発達支援、放課後等デイサービスとも通所以外に保育所等訪問支援という制度を使って、要望に応じて保育園、幼稚園、認定こども園、学校などに実際に訪問することができます。子どもの行動観察をしたり、コミュニケーション面での対応や、学習困難への対応についてアドバイスを行ったりすることもできます。

そのほかの療育・教育施設

児童発達支援は受給者証を使って利用できますが、施設への給付額が決まっていることから、受給者証の使用できない自費でのトレーニングを行っている施設もあります。ＡＢＡや言語訓練に特化している施設などは受給者証の使える場合もありますが、自費で受ける施設が多いです。

幼児期早期に非言語的、言語的コミュニケーションの遅れが疑われた場合、知的障害を抱えているのか、自閉症スペクトラム障害を抱えているのか、その双方を抱えているのかの区別が困難なことがよくあります。そうした場合には、ＡＢＡ[97]トレーニングやＰＥＣＳ[98]を用いたトレーニングは、幼児期からの個別介入も可能ですので試してみる価値はあると思います。

わが国では言語に対応する国家資格としては言語聴覚士がありますが、子どものトレーニングが可能な言語聴覚士はまだ少なく、特に公的機関では定期的（月に2回以上）にトレーニングを受けることは難しいです。耳鼻咽喉科で言語聴覚士によるトレーニングを併設している場合もあります。

最近では各地の訪問看護ステーションで子どもへの取り組みを始めているところもあります。言語発達の遅れや発音、構音の問題であれば言語聴覚士、発達性協調運動障害（133ページ）の合併であれば理学療法士や作業療法士の派遣を行っているところもあります。

ＩＣＴを利用した対応も進んできています。タブレットやパソコンを使った教材、アプリなど今では数えきれないほどあり、どれを選ぶか迷うほどです。最近の子どもたちは生まれたときから周囲にスマホやパソコンがあり、それらに触れながら育っているデジタルネイティブ世代ですから、知的障害を抱えていてもこうした機器に触れること、そこから学びとることはできます。

医療とのかかわり

医療も重要な社会資源です。先天性甲状腺機能低下症（39ページ）のようにスクリーニングで発見され、治療によって知的障害を予防できる場合もありますが、知的障害そのものに有効性が確立された治療はありません。

医療についてはかかりつけ医と専門医に分かれますが、発熱や予防接種などの日常診療ではかかりつけ医に診察を依頼することになります。予防接種は定期予防接種以外にも流行性耳下腺炎（おたふくかぜ）やインフルエンザ、最近では新型コロナウイルスなどのワクチンがあります。知的障害を抱えている子どもの場合、症状を訴えたり説明したりすることが困難なことが多く、実際に発病すると治療がスムースにできない場合には重症化の可能性もあります。予防接種で防げるあるいは軽症化できる疾患は防ぎたいです。

知的障害の診療

知的障害の専門医があるかと聞かれれば、発達障害ならあるけれどという答えが返ってくるかもしれません。知的障害自体が治るわけではないことや、教育や日常生活でのアドバイスが必要なければ、専門医受診の必要があるかどうかは子どもの状況によります。発達障害を合併している場合には、発達障害に対応できる医療機関の選択肢もあります。医師向けの拙著[33]もあります。

医療機関を受診した場合に「様子をみましょう」「経過をみましょう」と言われること

もあります。確かに知的障害に対して直接何かができることは少ないのですが、知的障害を抱えていて社会生活や発達課題に何の困難もないということは考えにくいので、著者はこうした表現は基本的に避けています[54]。もし言うとすれば「この症状は3か月後まで様子をみましょう」など内容や時期を具体的にしてお話しするようにしています。

知的障害の程度がA判定（37ページ）の場合には、成人後に受給できる可能性のある障害基礎年金（民法では18歳で成人ですがこの年金は20歳から）があり、申請には医療機関の診断書が必要になります。この診断書はかなり手のかかるもので、経過を知らないと判断できない項目もありますので、診断書を作成可能な医療機関（成人の知的障害の判定をする知的障害者更生相談所[34]では対応してくれないことが多い）に受診しておくことをお勧めしています。

知的障害だけの場合にも自閉症スペクトラム障害などを合併している場合にも、受診する診療科はおもに小児神経科、児童精神科あるいは精神科になると思います。

その他疾患の診療

歯科診療、耳鼻科診療、眼科診療も子どもの目で見えないところを触るので、知的障害を抱えていると落ち着いて受診することが困難になりがちです。特に歯科はう蝕（虫歯）ができ始めてからの治療が困難なこと、多数の虫歯の治療は全身麻酔で手術として行うことになるなどかなり大変なので、まずは虫歯をつくらないように定期受診することを勧めています。

小児歯科の専門医は障害者歯科も診療可能なことが多いので、可能であれば3～6か月に一度は健診のつもりでチェックしてもらうことを勧めています。都道府県の障害者口腔保健センター（呼称は施設により異なる）、大学病院の小児歯科部門なども診療可能だと思います。

耳鼻科診療、眼科診療では聴力や視力の測定も困難なことが多く、近隣の耳鼻咽喉科、眼科での受診がうまくいかない場合には、都道府県などの小児医療センター、対応できる大学病院などへの受診を勧めています。紹介状が必要なことが多いので、かかりつけ医に書いてもらってから診療予約をすることになります。

医療機関の中には知的障害に対してビタミン療法や鍼灸治療、磁気治療などを推奨したり、サプリメントなどを勧めたりしているところもあるようですが、著者の知る限り、有効性が確立されたものはないと考えています。

特別児童手当・障害児福祉手当

特別児童手当・障害児福祉手当はいずれも20歳未満（20歳以上は特別障害者手当）が対象で所得制限があり、医師の診断書が必要です。障害児福祉手当は療育手帳がおおむねA判定（37ページ）の場合に受給できる可能性があります。特別児童手当は療育手帳保有を原則としている都道府県もあります。いずれも知能検査の種類、実行年月日、結果を記載する必要があります。

申請用紙は市区町村の障害福祉担当課にあり、医師の診断書とともに申請します。2024年度で障害児福祉手当は月額1万5220円、特別児童手当は1級が月額5万3770円、2級が月額3万5760円です。申請すれば給付されるとは限らず、国の制度であるにもかかわらず給付率には都道府県、政令都市間で差があります。

地域生活支援事業

地域支援事業は都道府県、市区町村で策定された障害福祉計画に基づいて行われます。自治体によって支援の内容はさまざまです。相談業務から実際の援助まで幅広く、指定管理者による相談センターを設置している場合もあります。

多くの自治体で実施されているサービスとしては移動支援があります。屋外での移動が困難な場合に、外出時の支援により地域での社会参加や自立を目指すものです。個別支援、グループ支援、車両移送型支援などがあります。このほかにもさまざまなサービスがありますので、自治体に問い合わせてみてください。

第6章
合理的配慮

障害者の権利条約[3]では、第2条で合理的配慮（reasonable accommodationの外務省公定訳）の定義として「障害者が他の者との平等を基礎として全ての人権及び基本的自由を享有し、又は行使することを確保するための必要かつ適当な変更及び調整であって、特定の場合において必要とされるものであり、かつ、均衡を失した又は過度の負担を課さないものをいう」とされています。第1章でも述べましたが「当然の対応」という訳であってほしかったです。

この条約は障害の社会モデルに沿っているので、前文で差別の解消、第2条で合理的配慮、ユニバーサルデザインを定義しています。そして第24条では教育について「障害者を包容するあらゆる段階の教育制度及び生涯学習を確保する」と包括について定められています。

しかしながらこの条約に沿って整備されている国内法では、合理的配慮に対して「要求があってから」対応することが原則となっており、これは障害の医学（個人）モデルの考え方に通ずる部分もあります。

知的障害を抱えている場合に合理的配慮が適切に受けられないことはしばしば起きます。配慮が申請に基づくとされており、コミュニケーション能力が不十分な場合には配慮そのものが申請、要求できないためです。家族や教育、福祉、医療などの代弁者（アドボケーター）の存在が必要になりますが、そのための制度はまだ不十分です。

支援を受けやすくする手段として、知的障害を抱えていることを示すヘルプマークを首からぶら下げたり、カバンにつけたりする方法もあります。ヘルプマークも基本的なデザインは共通ですが、緊急連絡先などを入れるポケットのついたものなどもあります。

ユニバーサルデザインとバリアフリー

ユニバーサルデザインは、障害があろうとなかろうとすべての人が利用できる設備、環境を特別の調整をしなくてもつくることを目的としています。たとえば誰でも入れる多機能トイレや自動ドアなど、あらかじめ整備されているものです。

最近普及してきたピクトグラム[99]（pictogram：絵文字。約１５０種類がＪＩＳ規格などで標準化）がトイレや階段などを誰でもわかるように表示されており、質問が苦手でも文字が読めなくても、誰にでも理解しやすくなっています。

バリアフリーはユニバーサルデザインに先立ち、障害があっても過ごしやすくするもの

図　ピクトグラムの例

です。たとえば段差をなくす、手すりをつけるなどがあります。知的障害を抱えている場合には、廊下に行き先によって異なる動線に色をつけて迷わないようにする、言葉での意思表示がうまくいかない場合に、絵カードなどで指示を出したり要求したりすることで意思の疎通がしやすくなるなどです。

障害者差別解消法

２０２２年に障害者差別解消法が改正され[12]、２０２４年４月から合理的配慮の提供が義務化されます。ここでいう障害者には障害者手帳（療育手帳）をもつ人だけでなく、難病をはじめ社会生活を送るうえで困難を抱えている人も含まれます。この法律では障害を抱える人から「社会的なバリア（障壁）を取り除いてほしい」という意思表示があったときに、その実施のための負担が「過度」でなければ対応することが合理的配慮とされています。これはユニバーサルデザインというよりはバリアフリーを目指しているようにみえます。

意思表示とアドボケーター

先にも述べたように、知的障害を抱えていると「意思表示」が困難な場合があります。困っているようにみえなかったり、何に困っているのかがわからなかったりするために、適切な配慮が受けられない可能性があることを私たちは常に考えておく必要があります。その場合には子どもを取り巻く人が代弁者（アドボケーター）の役割を果たします。

かなり前ですが、知的障害を抱える子どもへの対応の話し合いのために、ある特別支援学級（知的）を訪問したときの話です。小学校4年生のその子はひらがなを読むことができるのですが、教室ではひたすら点つなぎ課題をやらされていました。嫌がらずにしてはいたのですが、できることを増やすという観点からはそれでは時間つぶしにしかならないので、絵カードとひらがなカードとの名前のマッチング課題をお願いしました。数か月後にはそこから簡単な文章を読むことにつながったのですが、本人はこれをやってみたいという意思表示はできず、家族は学校に任せているからと考えており、適切な課題への配慮というよりも権利擁護が難しいと感じた経験でした。この場合には著者がアドボケーターの役割を果たしました。

配慮というと、目で見てわかりやすいようにとか画像を使いながら説明するとか困難を解決することだけに目がいきがちですが、「意思表示」が適切にできなくても、適切に状態の評価をすることにより配慮や困難の解決につながることは珍しくないと考えています。これは教育の場でも職場でも同じです。

合理的配慮

文部科学省資料(100)では合理的配慮の例として、知的障害により言葉だけを聞いて理解することや意思疎通が困難な障害者に対し、絵や写真カード、コミュニケーションボード、タブレット端末等のICT機器の活用、視覚的に伝えるための情報の文字化、質問内容を「はい」または「いいえ」で端的に答えられるようにすることなどにより意思を確認したり、本人の自己選択・自己決定を支援したりすることを挙げています。国立特別支援教育総合研究所のインクルーシブ教育構築支援データベース(101)にも多くの例が挙げられており、拙著でも触れています(33)(89)(90)。

いずれにしても合理的配慮は受ける権利があり、施《ほどこ》しを受けるという意味合いのものではありません。私たちの身近にあるもっとも一般的な合理的配慮の適用は、眼鏡の使用です。視力の問題を抱えていて眼鏡の使用に異議を唱えられることはおそらくないですし、あなただけ眼鏡を使うのは不公平だとも言われないでしょう。見えにくくなって眼科を受診し、眼鏡をかけることになっても、使っていいかどうかの意思表示を要求する学校も職場もないと思います。もう慣れたから眼鏡を使わなくてもよいだろうと言われることもないでしょう。

合理的配慮はその「眼鏡」のように自然に対応できるものです。そして周囲から見て困難を抱えているようであれば、意思表示がなくても対応を考えていくべきものだと思います。もちろん入学試験のように初めての場所での挑戦の場合にはあらかじめ意思表示をして申請することになります。

合理的配慮は「困ったら始める」のではなく「困りそう」「困ったらまずい」と感じたときから始まります。小学校で始まった配慮は中学校に引き継がれ、その後も社会にでても引き続いていくべきものです。

NGワード

以下の言葉は、これまでに知的障害を抱えた子どもたちで経験した合理的配慮のお願い（継続も含む）に対して発せられたと保護者から聞いたNGワードの例です。

あなただけ特別扱いはできない

合理的配慮をお願いしても、以前は「あなただけ特別扱いはできない」という言葉がよく返ってきました。板書に時間がかかるので撮影のお願いをしたときなどに言われることがあります。GIGAスクール構想以降、撮影機能のあるICT機器を子どもたちが使えるようになったこともあって減ってきました。

慣れたからもういいでしょ

読むときにどこを読んでいるかがわからなくなるので、簡単なラインの入ったスケールやルーペ、バーなどを使用する際に、いったんは許可されても「慣れたからもういいでしょ」と言われることもあります。特別支援学級では少ないのですが、通常学級にいるとよくありました。そういうときには、これまでも眼鏡の例を話してきました。

社会にでたらそんなサポートは受けられない

トイレに行くとそこで動かなくなって教室に戻ってこないことがあったり、退屈すると教室の外に出ていったりするので、支援員をつけることをお願いしました。結果は断られたのですが、理由は「社会にでたらそんなサポートは受けられない」「社会にでたときに困らないように練習しよう」でした。適切なサポートは学校の中だけではなく、その後社会にでても受けられるようにできるはずです。作業をする場所をトイレのすぐ近くにする、退屈しないでできる作業を選ぶなどの対応もあります。そもそも学校生活も立派な社会生活の一部です。

特に困っているようにはみえなかったのでそのまま様子をみた

落ち着いて生活しているようで「特に困っているようにはみえなかったのでそのまま様子をみた」ということも学校や放課後デイサービスでもときどきあります。困りごとを訴えられないことを考え、そのときの課題が適切かどうかを考えるのは子どもを取り巻くアドボケーターの仕事です。

どうしても学校という場ではみんなで同じ学習、行動をするという同調圧力が強くなりがちですが、子どもたちは一人一人違いますし、知的障害を抱えているときにはその程度や合併症状も含めてさまざまです。それぞれの子どもたちの状況に合わせた合理的配慮が受けられ、継続していけることを願っています。

第7章 コミュニケーション課題

程度の差はありますが、知的障害を抱えていると要求、選択、決定、諾否などを表現することに困難を抱えることがよくあります。特に幼児期にそうした困難を抱えている場合には、知的障害があってもなくても対応が必要になることが多いです。

コミュニケーションは自閉症スペクトラム障害を抱えているときにも苦手なことがしばしばありますし、幼児期には知的障害を合併しているかどうかは別として、コミュニケーションの遅れから障害を疑われることが多くあります。そのためのトレーニング方法も1970年代から多く開発されてきており、有効性も明らかになってきました。コミュニケーション能力が身についてくることで合理的配慮を受けやすくなる場合もあります。経験上、自閉症スペクトラム障害のみならず、知的障害を抱えている場合でもトレーニング（11ページ）が応用できることもあります。

コミュニケーション

コミュニケーションはほかの人とかかわりをもつための手段です。これができなければ他人の要求を理解したり、自分の要求を伝えたりすることが困難になります。知的障害を抱えていると遅れがちな部分ですが、介入（療育）の効果がみえやすい部分でもあります。

大きく非言語的コミュニケーションと言語的コミュニケーションに分けられます。そして言語的コミュニケーションは音声言語（聞く、話す）と文字言語（読む、書く）に分けられます。サイン言語（マカトン法など[40]）やピクトグラム[99]、絵カードなどを使う方法は言語的コミュニケーションに近いです。

非言語的コミュニケーションは視線を合わせる、身振り手振りなどの体の動き、模倣、表情や声のトーンの変化、絵や写真による表現などが含まれます。

知的障害を抱えている場合には、乳幼児健診の項（42ページ）でも触れたように言語的コミュニケーションの遅れが発見の契機になることが多いですが、自閉症スペクトラム障害を合併している場合には、模倣動作など非言語的なコミュニケーションの遅れもみられることが多いです。

コミュニケーションが十分にはできない場合でも、「要求する」「選択する」「諾否を伝える」ことがまず日常生活において重要です。加えて「感情を表現する」ことも練習します。119ページの強度行動障害でも触れます。

代表的な介入プログラム

今はとてもたくさんのプログラムがありますが、ここでは自閉症スペクトラム障害に対して開発されたものの、著者の経験上、知的障害を抱える子どもたちへの幼児期からの介入（療育）方法として役に立つと考えられる、ABA、PECS、TEACCHについて簡単に説明します。いずれも言語的コミュニケーションだけではなく、非言語部分のトレーニングも含んでいます。

これらのトレーニングは1930年代のスキナー[103]（Skinner）の研究に端を発して、1970年代以降のABA、PECSの開発へとつながってきました。ABAは1970年代に米国で始まり、ロバース（Lovaas）による不連続試行法[104]（真似など課題をひとつずつ実行して積み重ねる）から言語行動[105]（意思を伝える要求語の表出を目指す：Verbal behavior）、機軸反応訓練[106]（状況を設定したり、自然環境下での応答を目指す：Pivotal response training）、デンバー式早期介入プログラム[107]（早期からのコミュニケーション形成を目指す）などへと広がっていきました。

国際的にも自閉症スペクトラム障害を抱えている子どもたちへの対応として多く使われています。米国をはじめとしてABAの資格がBCBA（Board certified behavior analyst：数種類あり）をはじめいくつかありますが[108]、わが国では資格保有者はまだ少ないです。

ABA

ＡＢＡでは、ＡＢＣ分析（Ａ：antecedant 前提条件、先行条件。Ｂ：behavior 行動。Ｃ：consequence 結果）（152ページ）を行ってなぜその行動が起きているのかを分析し、細かくステップを分けて望ましい行動を強化、望ましくない行動を消去することを目的とします。[83] 児童発達支援などでも取り入れるところが増えていますし、受給者証の使えない個別でのトレーニングを行う施設も大都市圏にはあります。著者の診療での対応はＡＢＡの応用が多いです。なおアメリカ医師会がＡＢＡを推薦しなくなったという情報が２０２３年に流れましたが、これに対しては訂正コメントがだされています。[109]

PECS

ＰＥＣＳはフェーズⅠからⅥに分かれており、まず１枚の絵カードを使って物や行動と交換、そして絵カードの選択や文章構成へと進みます。[110] フェーズⅣまで進むとiPadでＰＥＣＳ４＋アプリを使うこともできます。[111] フェーズⅤ、Ⅵでは質問に答えて絵カードを示したり、より文章構成が細かくなったりします。基本的にはＡＢＡの延長線上のものと考えていますが、児童発達支援、特別支援学級や特別支援学校でも取り入れられ始めています。著者も音声言語がうまく伸びていかない場合には活用を勧めています。

TEACCH

ＴＥＡＣＣＨは１９７０年代にショプラー（Schopler）、メジホフ[112]（Mesibov）らによって開発され、著者に多くのことを教えていただいた故佐々木正美先生がわが国に導入されました[98]。ＴＥＡＣＣＨには構造化（環境設定などの物理的構造化と見てわかりやすくする視覚的構造化）、スケジュールの可視化（見通しをたてる）、ワークシステム（作業内容の明確化）を基本としています。当初は自閉症スペクトラム障害を抱えた子どもたちへのプログラムとして開発されましたが、コミュニケーションに困難を抱える知的障害の場合にも環境整備や構造化などは役に立つことから、児童発達支援や放課後等デイサービス、特別支援学校などでも多く取り入れられています。著者も構造化やワークシステムなどを含めて診療の場で応用しています。

その他のいろいろ

「要求する」「選択する」「諾否を伝える」「感情を表現する」「助けを求める」トレーニングはいろいろあります。ライフスキルトレーニング（第10章）は著者が勧めている方法です。

音声言語で聞くことはできても話すことが苦手な子どもたちもいます。その場合にはＰＥＣＳの絵カードを使ったり、要求以外に感情表現や動詞なども含まれているドロップレットプロジェクトが製作したドロップス[113]（Drops：The Dynamic and Resizable Open Picture Symbols）や絵カードメーカー[114]などの絵カードを使うことができます。

ひらがなを読むことができる子どもの場合には、著者の作成した「ひらがな指さし表」のようにひらがな、数字、要求語、諾否などが入っている紙を指さしなどで使うこともで

ひらがな指さし表

わ	ら	や	ま	は	な	た	さ	か	あ
	り		み	ひ	に	ち	し	き	い
を	る	ゆ	む	ふ	ぬ	つ	す	く	う
	れ		め	へ	ね	て	せ	け	え
ん	ろ	よ	も	ほ	の	と	そ	こ	お
っ	ゃ	ゅ	ょ	ば	ぱ	だ	ざ	が	1
ありがとう				び	ぴ	ぢ	じ	ぎ	2
ごめんなさい				ぶ	ぷ	づ	ず	ぐ	3
おはよう				べ	ぺ	で	ぜ	げ	4
さようなら				ぼ	ぽ	ど	ぞ	ご	5
ちょうだい			たべたい			はい			6
とって			のみたい			いいえ			7
あけて			あつい			といれ			8
かして			さむい			おやつ			9

きます。そのほかにiPad用のトーキングエイドアプリ[115]などもあります。

音声言語を引き出してコミュニケーションを図りたいけれどもうまくいかない場合でも、絵カードや文字ボードなど何を使っても「要求する」「選択する」「諾否を伝える」「感情を表現する」「助けを求める」ことはあきらめずに挑戦したいです。第10章のライフスキルトレーニングでも実際の練習方法も含めてお話しします。

言葉を育てるためには非言語的なコミュニケーションを育てることも大切です。児童発達支援などでもさまざまな工夫をされていますし、言語聴覚士もコミュニケーションを育てることには熱心な方が増えています[116]。心理職や保育士もさまざまな方法で取り組んでいる方がいます。紹介するのが無理なほど、とても多くの試みがあります。

AIの広がる未来

28ページで触れたＡＩはコミュニケーションツールとしても今後急速に進化すると思われます。たとえば時刻どおりに出かけるために目覚まし時計をセットしたり、スマホのリマインダー機能をセットしたりすることは誰でもあると思います。今後はＡＩ搭載機器に予定を音声で知らせておけば、毎朝1日の流れを音声や絵カード、文字などで教えてくれるようになると思います。必要なときにするべきことを教えてもらうなど、見通しをたてるサポートも可能になるでしょう。要求や選択も画像を読み取って音声でも知らせることでより伝えやすくなるでしょうし、スマホをかざせば「車が来ています」「信号が赤です」

などの情報を得られるようになると思います（これらは拡張現実augmented reality：ARと呼ばれる技術）。

このほかにも167ページで述べるお手伝いの場面で「テーブルに食器が残っています」「窓が開いたままです」などの情報を音声や警告画像などで知らせることも可能になると思います。どこまでこうした技術が進歩するのかはわかりませんが、強度行動障害（119ページ）への対応でも役立つものが開発されてくると考えています。

児童虐待をめぐって

児童虐待をどの章に位置づけるか悩みましたが、知的障害を抱えている子どもたちには虐待のリスクが高いこと、それがコミュニケーション能力の不足による場合が少なくないことなどから、この章に入れました。知的障害を抱えていると、児童虐待を受けるリスクが高いだけではなく、成人後に児童虐待を行う場合もあります。

児童虐待防止法

児童虐待の防止に関する法律（通称児童虐待防止法[117]）では児童虐待を「保護者（親権を行う者、未成年後見人その他の者で、児童を現に監護するものをいう。以下同じ。）がその監護する児童（十八歳に満たない者をいう。以下同じ。）について行う次に掲げる行為をいう」として、①児童の身体に外傷が生じ、又は生じるおそれのある暴行を加えること（身体的虐待）。②児童にわいせつな行為をすること又は児童をしてわいせつな行為をさせること（性的虐待）。③児童の心身の正常な発達を妨げるような著しい減食又は長時間の放置、保護者以外の同居人による前二号又は次号に掲げる行為と同様の行為の放置その他の保護者としての監護を著しく怠ること（ネグレクト）。④児童に対する著しい暴言又は著しく拒絶的な対応、児童が同居する家庭における配偶者に対する暴力（配偶者（婚姻の届出をしていないが、事実上婚姻関係と同様の事情にある者を含む。）の身体に対する不法な攻撃であって生命又は身体に危害を及ぼすもの及びこれに準ずる心身に有害な影響を及ぼす言動をいう。）⑤その他の児童に著しい心理的外傷を与える言動を行うこと（心理的虐待）の5つが定義されています。

障害と児童虐待

障害を抱えた子どもたちが児童虐待を受ける割合が高いことの報告は以前から多いのですが、たとえばサリバン（Sullivan）[118]らは2000年に障害を抱えていない子どもたちへの虐待率が9％であるのに対し、障害を抱えていると31％にのぼり、約3・4倍であることを報告しています。わが国でも一瀬早百合[119]は3例の精神運動発達遅滞（知的障害）と自閉症スペクトラム障害を合併した児への児童虐待が、障害をきっかけとした周囲との隔絶（閉じこもり）、そしてネグレクトを中心として起き、母親の精神的負担も大きかったことを報告しています。

48ページでも述べましたが、それが適切かどうかは別として、わが子が知的障害を抱えていると診断されたとき、保護者にとっては子どもの将来に向けて描いていた地図が消えてどうしようもない「やるせなさ」が出ることがあります。そのときに「やるせなさ」が喪失感につながれば、子どもの状況に向き合うよりも「逃げたい」と考えることもあり得ます。そこでサポートする人がいないと一瀬[119]の指摘した「閉じこもり」そしてネグレクトへとつながる可能性もあります。仕事に逃げたことによるネグレクトもあります。

保護者と子どものサポート

一方で、見つかるかどうかは別として何か「打てる手」がないかと探す保護者もいます。そうしたときに、51ページのように具体的にやってみることを提案するのも著者の仕事のひとつです。どちらがよいとかそういう問題ではありません。著者にとっては診断することで保護者を地図のない世界に追い込むよりは、何かできるかもしれないことを一緒に考えていければと思っています。

子どもが就学してなかなか学習が進まない、そんなときに保護者がいらいらして手が出る、きつい言葉が出る、これも児童虐待ですが、誰かがその保護者の思いを受け止めることが悪化させないためには必要だと考えています。パートナーを含む家族内でも、公的機関でも医療機関などでも構わないと思います。

特に自閉症スペクトラム障害を合併していると、たとえば夜中にかんしゃくから大泣きがおさまらないときに、周囲に児童虐待を疑われて警察などに通報されることもありますし、児童相談所に一時保護されることもあります。実際に児童相談所から著者への問い合わせはこれまでに相当の件数があります。警察で取り調べを受けた保護者のために上申書を書いたこともあります。そうしたリスクがある場合には巡回連絡（121ページ）をあらかじめ受けておくこともお勧めですし、受診時に子どもの状況について簡単な説明を渡しておくこともあります。

障害を抱えた子育てでは、このように児童虐待と判断されるリスクや、家族が壊れてしまうリスク（191ページ）もあります。また知的障害を抱えた保護者によるネグレクト（不適切な養育）が起きた場合（136ページ）も経験しました。

著者が外来診療の場で知的障害や自閉症スペクトラム障害という診断を下すときに、いつも考えていることがあります。自分から言うよりは保護者からの質問に答えることが多いわけですが、それによってこの家族を地図のない町に追い出して、家族が絶望感を味わうことを何とか防ぎたいと思っています。そのためには子どもの行動観察も含めて、今何ができるかを具体的に考えて家族と共有し、とりあえず向かう方向性、踏み出す地図づくりのお手伝いをして、次の受診につなげようと考えています。

児童虐待は状況によってはどの家庭でも起こりうることですが、それが子どもの発達の促進につながることは基本的にありませんので、どうやって防ぐか、どうやって止めるかを考えながら対応していくことになります。

強度行動障害とその周辺

強度行動障害をどの項目に紐づけるかはとても悩みましたが、知的障害を抱えている場合には、自閉症スペクトラム障害との合併もあいまって生活上の困難に直結します。強度行動障害の判定基準[120]では①自傷、②他害、③激しいこだわり、④激しい器物破損、⑤睡眠障害、⑥過食、反芻《はんすう》など、⑦排せつに関する強度の障害、⑧著しい多動、⑨大声を出すなど、⑩鎮静困難なパニック、⑪恐怖を感じさせる粗暴な行動の11項目について、その頻度によって1、3、5点が付与されます。合計が20点以上あれば強度行動障害と判定され、児童発達支援や放課後等デイサービス、施設入所などの費用加算に該当します。

行動関連項目[121]では①コミュニケーション、②説明の理解、③大声・奇声、④異食、⑤多動・行動停止、⑥不安定な行動、⑦自傷、⑧他害、⑨不適切行為、⑩突発的行動、⑪過食、反芻など、⑫てんかんについて0～2点で判定します。合計10点以上の場合に次項の行動援護、重度訪問介護[122]、重度障害者等包括支援[123]の支給（利用）基準となり、また加算基準にもなっています。

並べられた項目を見ただけでもわかるとおり、自傷・他害行為や大声・奇声、食行動の異常や破壊など周囲の人に影響を及ぼす行動が相当な頻度でみられます。家庭での対応では無理な部分が多く、特別な支援などの助けが必要な状態といえます。全国で8千人程度と推定されており、幼児期からみられることもありますが、思春期以降に増加するとされています[124]。強度行動障害は医学的な判定というよりは福祉面での判定に近いと思います。後述の注意惹きと関連が疑われることもありますが、飛び降りる、飛び込むのような自殺企図に近い行動がみられることもあります。

年齢や行動の状況にもよりますが、多くの場合は医療機関で向精神薬などの投与が必要になりますし、それだけで改善するとは限りません。もちろん家庭で生活することが困難になることもあります。通所、入所、ときには入院などを含めて対応を考えることになりますが、利用できる社会資源は十分とはいえず、近隣だけではなく遠方の資源利用になる場合もあります。

警察には、おもに担当地区の交番の警察官による巡回連絡（家庭調査）というシステムがあります。強度行動障害に限らず、知的障害を抱えていると脱走や迷子などのトラブルもあります。強度行動障害を抱えた子どもの他害は警察に通報される場合や、家庭内での暴力で警察に助力してもらう場合もあります。何かが起きてからではなく、事前に子どもの状況（年齢、性別、身長、体重、行動特性など）を伝え情報共有することも不測の事態に役立ちます。著者も情報提供のお手伝いをしたことがあります。

強度行動障害の対応

強度行動障害が始まってからの対応だけではなく、その前からの対応が必要である[125]ことも力説されてはいます。しかしその具体的な方法論はまだ確立されていません。おもに都道府県単位で強度行動障害支援者研修も行われており、著者も数回受講しましたが、研修はやはり障害が起きたあとの支援法が中心です。強度行動障害支援ガイドライン[126]では支援体制づくり、西田武志・福島龍三郎編著の「強度行動障害のある人を支えるヒントとアイデア[127]」でも行動の理解とサポートやチームでの役割を分けた支援が中心です。

著者にとって障害を抱えた子どもたちとの半世紀の中で、強度行動障害を起こした子どもも大人もそれなりに診てきました。強度行動障害と判定される状態で初診の場合はともかく、子どものときから診ている知的障害や合併した自閉症スペクトラム障害を抱えた子どもたちが、どうすれば強度行動障害に至らないですむのか、ずっと考えていました。

また、なぜこの行動が起きているかを考えることは対応だけではなく予防の面でも重要です。過去の出来事がフラッシュバックしているときなど、すぐにそれで説明できるとは限りませんが、112、152ページで触れるＡＢＣ分析、まずはそこから始めています。

強度行動障害を起こしている場合、自傷や他害、排せつトラブルなどはしばしば「注意惹き」と関連しています。要求がうまくできないときに注意惹きとしての行動が起き、それに反応していると注意惹きができることを学習し、反応が得られないとその行動は得られるまで強くなっていきます。それのくり返しの中で、注意惹きに関連していなくても行動障害が習慣化して固定してしまうこともあります。

また不適切行動に対して叱る、注意するという対応は学校や家庭で起きやすいので、その対処法についても155ページのようにすることをお話ししてきました。こだわり行動や自傷・他害の場合の行動の切り替えも簡単ではありませんが157ページのような方法を試みています。

強度行動障害をもし先回りして防ぐことができるとしたら、著者の個人的な考えですがコミュニケーションスキルを少しでも獲得し、要求、選択、諾否（イエス、ノー）、ヘルプサイン（助けてほしい、困っているなど）がどのような形であれ表出でき、伝えられるようになることだと感じています。診断がなくてもコミュニケーションスキルの課題を抱えるようであれば、幼児期からの介入が必要だと思います。外来診療でも行動観察を含めて課題への対応についてもお話ししてきました[33][89][90]。

もちろんそうした予防的トレーニングがすべての場合にうまくいくわけではなく、努力していても強度行動障害に至ってしまった残念な経験もあります。著者も、小学生以上の場合には非定型向精神薬（アリピプラゾールやリスペリドン）の投与を自傷や他害をきっかけに開始することもあります。もちろんコミュニケーション以外にも環境や利用可能な社会資源の質や量など、さまざまな因子も影響しています。

行動援護

行動援護を受けるためには、障害者総合支援法[2]における障害支援区分の認定のため、市町村の担当窓口（障害福祉課など）へ申請をして認定調査を受ける必要があります。区分の認定は複数の要素（訪問調査や医師の意見書）から総合的に判定されます。

行動援護は障害支援区分が区分３以上の場合に利用可能です。行動する際に生じ得る危険を回避するために必要な援護、外出時における移動中の介護、排せつおよび食事等の介護、そのほかの行動する際に必要な援助など、障害が重い、または強度行動障害を伴う場合などに利用できます。

第8章 発達障害との関連

発達障害者支援法[128]第2条において、発達障害の定義は「この法律において「発達障害」とは、自閉症、アスペルガー症候群その他の広汎性発達障害、学習障害、注意欠陥多動性障害その他これに類する脳機能の障害であってその症状が通常低年齢において発現するものとして政令で定めるものをいう」とされています。

この定義が疾患名の羅列であって質的な定義ではないために、発達そのものの障害と受けとられる場合もあります。著者は10年以上にわたって「発達の過程で明らかになる行動やコミュニケーションなどの障害で、根本的な治療は現在ではないが、適切な対応により社会生活上の困難は軽減される障害」とお話ししています[56]。本書での発達障害もこの考え方をもとに解説しています。実際に知的障害と自閉症スペクトラム障害をはじめとする発達障害を合併（正しくは併存かもしれません）することは多くみられます[89]。

発達障害と神経発達障害（症）

ＤＳＭ-５では発達障害を含む一群の状況を神経発達障害（症）（Neurodevelopmental Disorder）としてまとめており、その中にはわが国では発達障害には含まれない知的障害が入っています。ＩＣＤ-10では発達障害と知的障害は分けられていましたが、ＩＣＤ-11[7]になって神経発達障害（症）としてまとめられました。

わが国では障害は身体障害、知的障害、精神障害の３区分ですが、発達障害は精神障害の中に組み入れられ、知的障害とは別の枠組みになっています[1]。ですから国際的な「神経発達障害（症）」とわが国の「発達障害」を同列に扱うことはできません。

報道などで発達障害を神経発達障害（症）といいかえ始めているところも散見されますが、現状ではそのいいかえは不適切であると考えています。

発達障害の中でも自閉症スペクトラム障害では知的障害を合併することも多いので、国際分類のようにひとまとめにしたほうが考えやすいのですが、まだ分かれているのが現状です。そのために障害者手帳を取得する場合、精神障害の手帳と知的障害の手帳（療育手帳）を２つ取得する場合もあります。

発達障害者支援法における発達障害の定義は「自閉症、アスペルガー症候群その他の広汎性発達障害、学習障害、注意欠陥多動性障害その他」となっていますが、自閉症とアスペルガー症候群は明確に分けられるものではないことから、現在は自閉症スペクトラム障害としてひとまとめにされています。[6][7]「その他」にはチックやトゥレット障害、吃音、発達性協調運動障害などが含まれるため、それらについて知的障害との関連も含めて簡単に解説します。なお発達障害に含まれているさまざまな状態は単独でみられることもありますが、いくつも併存している場合もあります。

自閉症スペクトラム障害

自閉症スペクトラム障害は、以前は知的障害を伴うとされるカナー（Kanner）型と伴わないとされるアスペルガー（Asperger）型およびその他に分かれていました。しかしそこに明確な境界はなく、知的にも症状の面でも連続性があることから、DSM-5[6]では自閉症スペクトラム障害としてまとめられました。診断は2つの症状に基づいています。

1つめは、コミュニケーションや対人関係における困難さが多くは幼児期からみられることです。それは言語発達の遅れや、言語発達が遅れていなくても周囲とのかかわりがうまくいかないことなどから明らかになってきます。

2つめは行動や興味や活動が特定の形式に限定されてしまうようなこだわりや、感覚過敏（鈍麻の場合もあり）がみられることです。自閉症スペクトラム障害の頻度は1～2%とする報告が多く、知的障害を合併するのは30～40%と考えられています。[33]

具体的にみられる症状の例は表に示しました。

幼児期の症状をみると知的障害でみられる症状と共通の症状が多いことがわかります。

表　自閉症スペクトラム障害でみられやすい症状

幼児期
・視線が合いにくい
・特定の物にこだわる（おもちゃ、ぬいぐるみなど）
・指さしをしない
・笑う、怒るなどの表情の理解が困難
・感覚過敏（聴覚、触覚が多い）がある
・音声や動作の模倣をしない
・言葉の理解や発語の遅れがある
就学以降
・話が一方的になりやすい
・妥協することが苦手
・特定の課題や場面での過集中が見られる
・周囲との意思疎通がうまくできない
・感覚過敏がある
・行動の切り替えが苦手

知的障害の場合も言語を含んだ発達の遅れがみられますし、自閉症スペクトラム障害が併存している場合も多いので、ABA、PECS、TEACCHをはじめとした多くの自閉症スペクトラム障害への介入方法が発達の促進に役立つ場合もあります。第10章のライフスキルトレーニングも参照してください。

就学以降の場合でも知的障害が軽い場合にみられる症状とコミュニケーションを中心に共通点が多くあります。症状による生活上の困難があれば、状況に応じてABA、PECS、TEACCHの手法も使えますし、ライフスキルトレーニングなどの対応[83][90]もお勧めしています。

自閉症スペクトラム障害自体に対して根本的に対応できる薬物療法などはありませんが、自傷や他害などの症状が強い場合やかんしゃくなどがコントロールできない場合にアリピプラゾールやリスペリドンなどの非定型向精神薬、睡眠障害に対してメラトニン製剤などを使用することもあります[33]。

ＡＤＨＤ

ＤＳＭ-５[6]では、ＡＤＨＤ（Attention Deficit/Hyperactivity Disorder：注意欠陥（欠如）・多動性障害（症））は不注意の症状（忘れ物が多い、気が散る、宿題などをいやがる）と、多動・衝動の症状（立ち歩く、割り込むなど）があり、どちらが優勢か、あるいは両方とも顕著かによって診断されます。男子に多く、言語発達や社会的発達の軽度の遅れを伴う場合もあるとされています。

不注意の症状の多くは知的障害を抱えている場合にもみられますので、それがＡＤＨＤによるものなのか知的障害によるものなのかを区別することは難しいです。生活能力に比べて忘れ物が多すぎるときや、多動・衝動の症状が生活上の支障になる場合には、ＡＤＨＤの合併を考えることもあります。

ＡＤＨＤには保険適応のある４種類の治療薬があります。メチルフェニデート（商品名　コンサータ：カプセル）、アトモキセチン（商品名　ストラテラ、アトモキセチン：カプセルと液剤）、グアンファシン塩酸塩（商品名　インチュニブ：錠剤）、リスデキサンフェタミンメシル酸塩（商品名　ビバンセ：カプセル）です。コンサータとビバンセは処方権限のある医師、調剤権限のある薬局で処方、調剤が可能です。

コンサータやビバンセでは、不眠、食欲不振、成長障害など、アトモキセチンでは消化器症状やいらいら、インチュニブでは眠気や血圧低下、いらいらなどがみられることがあります[33]。さまざまな副作用がありますので、投薬をするとしても、質問に答える会話能力がある場合に症状の経過をみながら使うことになります。

ＡＤＨＤの症状は、社会生活のうえで「叱られる・注意される」対象になるものがほとんどです。ＡＤＨＤを抱える子どもたちは叱られたり注意されたりして自己肯定感（self-esteem）が低下していることがよくあります。ＡＤＨＤの診断があるからすぐに投薬をするわけではありません。困難をもたらしている症状がなぜ起きているかを考えることで対応できる場合も多いです。第10章も参照してください。

特異的（限局性）学習障害

読みの障害、書きの障害（読みの障害があれば書きの障害も出てくるが、書きの障害単独の場合もあり）、算数障害に分かれます。読みの障害は発達性読み書き障害（dyslexia：以後ディスレクシア）と呼ばれることが多くなっています。知的障害があると診断されないこともあります。やや男児に多く、子どもの2～5％にみられるとされています[6]。

ディスレクシアは音声言語（聞く、話す）の能力に比べて文字言語（読む、書く）の能力が明らかに低い場合に疑われ、診断につながります。しかし小学校に入学して、会話には問題がないにもかかわらずテストの点が低い場合に、それはディスレクシアにより「読めていない」からではなく「読めない、理解できない」からであると、知的障害を疑われることは今でもしばしばあります。その結果、通常学級から特別支援学級などへの転籍を勧められたり、実際に転籍したりした子どもたちも多く診てきました。

　疑わなければわからないけれども、会話ができて生活動作に問題がなければディスレクシアの存在を考える必要があります。ディスレクシアでは文字を音に変える、すなわち「あ」を「a」と発音することの苦手さや、文字をまとまりとして認識することの苦手さがあります。「は」と「ほ」など似た文字を間違えることもよくあります。文字のまとまりは、「すいか」とまとまりで読むのではなく「す」「い」「か」とばらばらに認識するので単語の意味が理解しにくくなります。

　それ以外に、読むのが嫌で語尾を「……でした」を「……だった」と勝手に変えて読んだり、助詞の読み間違いがみられたりすることもあります。読みの苦手さがあれば、程度の差はあれ書きの苦手さもみられます(129)。

　知的障害を抱えていても、学校では読み書きの苦手さに対して回数を重ねて練習することを勧められることもありますが、いくら回数を重ねても読み書きが嫌になるだけで上手にはなりません。ディスレクシアの大きな問題点は耳から聞いて語彙を増やすことはできても、目で文字を見て語彙を増やすことが苦手なことです。日本語は同音異義語（対象、大賞、大将など）が多く、文字種もひらがな、カタカナ、アルファベット、数字と多いのでディスレクシアを抱えていると大変です。

ディスレクシアに気づかずにそのまま学年が上がると、語彙や知識の習得が十分ではないことから学力の低下が起こる場合もあります。知的障害を抱えていても、音声言語と文字言語の使用に差がある場合には対応できることが多いです。

ディスレクシアへの対応

ディスレクシアへの対応は大きく3つあります。

1つはまず生活上の困難さを減らすために、板書を撮影する、教科書の読み上げソフトを使う、読みやすくするルーペバーや定規を使うなどの合理的配慮をすることです。板書の撮影や読み上げソフト、音声入力ソフトなどは、GIGAスクール時代になって格段に受け入れられやすくなりました。それぞれの子どもの状況によってどのような合理的配慮が必要かを考えてお願いしていきます。

2つめは少しでも読み書きを習得させようという方法です。小枝らのT式支援[130]、著者の書籍[129]、AIでの音声認識機能を使ったソフト[131]、文字を触ることで頭の中でイメージしやすくする触るグリフ[132]などがあります。子どもたちも読めるものなら読みたい、書けるものなら書きたいと思っていることも多いので、こうしたトレーニングを試す場合もあります。

なお家庭や学校で少しでも読みの負担を減らすためには、まず教員や保護者が文章を読み上げて、その内容が理解できてから（個々の単語の意味も含む）読ませてみる方法もお勧めしています。知的障害を抱えている場合には「知らない単語を文字で読ませる」と読みに対する拒否感が強くなります。フォントを本書のようにUDフォントにすると読みやすくなる場合もあります。

3つめは文字を併用する場合もありますが、問題の少ない音声言語を鍛えて、語彙や知識を獲得しようとすることです。日本障害者リハビリテーション協会のDAISY[133]（基本的に無料。登録が必要）、東京大学先端技術研究所などのAccessReading[134]などは文字と音声を使っています（音声機能のみの使用も可）。eboardでは、音声と画像で模擬授業を流していますが、わからないときにはスピードを遅くしたり何度も視聴したりすることもできます[135]。

このほかに音声教材BEAM[136]や、子どもから大人用までたくさんの本の読み上げのあるAudible[137]（有料）も利用できます。

読みの困難さを伴わない「書き」単独の障害は、著者には知的障害を抱えた子どもでの経験はありませんが、パソコンやタブレットなどでのキーボード入力、音声で入力して文字で出力するなどＩＣＴ機器の使用を勧めています。

算数の苦手さは知的障害を抱えているとしばしばみられますが、それが学習障害の中の算数障害なのか知的障害によるものなのかよくわからないことが多いです。しかし数の理解は成人になるまでにできることを増やしておきたいので、大小の理解、数概念の理解、順序の理解、そしてお金や時間の理解へと進んでいきます。第10章でもお話ししますが、参考図書もご覧ください[138]。

発達性協調運動障害

発達性協調運動障害（Developmental Coordination Disorder：以下DCD）は、基本的には姿勢保持や協調運動の障害がみられます。座ることはできるけれども座り続けられない（食事の最初は座っているけれども数分で姿勢が崩れる、学校での学習などでも同じようなことが起きる）、立って靴を履くことが苦手、姿勢が安定しないので字がうまく書けない、ボールがうまく投げられない、縄跳びができないなどの症状が代表です。DSM-5[6]では男子に多く、たとえば7歳時点では約5％の子どもに認められ、それらの症状は知的能力の低下によってはうまく説明できないとされています。

座っていられるかといえば座れますが、徐々に姿勢が崩れると気合いが足りない、がんばりが足りないなどの精神的なものとして扱われることが多く、また自閉症スペクトラム障害やADHDへの合併が多いことも知られています[139]。

DSM-5でも短期間には改善しないものとされていますが、特に知的障害を抱えている子どもたちにDCDがみられると、運動ができないこと、姿勢が保持できないことへの注意や叱責の結果、自信をなくしたり、運動嫌いになったりすることもあります。知的障害を抱えた子どもたちの運動嫌いは思春期以降の肥満につながることもあります。

これまでにもＤＣＤに対するさまざまなトレーニング方法を紹介してきました[90]。著者らの開発したトレキング[99]（96ページ）は、軽度の知的障害を抱えた子どもたちも利用していますが、効果があることを報告しました[140]。

チック・トゥレット障害

チックは本人が意図していないのに運動（まばたきをする、首を傾ける、口角が上がる）などの症状や音声が瞬間的にでて、くり返す症状です。５〜７歳の男子に多くみられ、知的障害を抱えている場合でもしばしば目にします。

単純型のチックは症状が移り変わることはありますが、一度に出るのは基本的にひとつの症状です。複雑型のチック（トゥレット障害）では音声を含めて同時にいくつかの症状がみられます。どちらも何かに集中しているときには少ないのですが、授業中、テレビを見ているとき、ごろごろしているときなどによくみられます。

単純型のチックは成人までに自然に消失することが多いので症状があっても特に何もしないことが多いです。一方、トゥレット障害の場合には成人期まで残ることもあり、手を洗うことをやめられなくなるような強迫性障害に移行することもあります。

トゥレット障害があって、子ども自身がその症状がつらいと感じる場合にはアリピプラゾールなどの薬物療法を行う場合もあります。

単純型のチックもトゥレット障害もＡＤＨＤに合併することがありますが、その場合にはＡＤＨＤ治療薬のコンサータ、ビバンセは症状を悪化させる可能性があるため、基本的には処方を避けています[33]。

選択性緘黙

選択性緘《かん》黙は話す能力があるにもかかわらず、特定の場面などで話せなくなるものです。たとえば家庭では普通に話していても、学校では話すことができないような状態です。発達障害の中に含める場合もありますが、ＤＳＭ-５[6]では不安障害に位置づけられています。知的障害を抱えていてもみられる場合があり、症状の根底には不安があるとされています。多くは幼児期に始まりますが、人前で話す機会が多くなる就学後に明らかになることが多いです。

不安が根底にあるわけですから、話せないからといって話すことを強制することはさらに話すことから遠ざかります。安心できる環境だと納得できるようになれば少しずつ話すことができるようになり、成人になったときには日常生活での困難さは減少していることが多いです。著者は、焦らずに環境調整をしたりカウンセリングを行ったりして、状況によっては学校を休ませてリフレッシュするなども含めて対応しています。

第9章 性の問題をめぐって

知的障害を抱えていると男女を問わず性のトラブルに巻き込まれることがあります。それを防ぐための教育も必要ですが、わが国では七生《ななお》養護学校事件以来、障害を抱えていないとされる子どもたちへの性教育さえも長らく後退したままでした。この章ではその経過も含めてお話しします。

初めてのかかわり

知的障害を抱えた方の妊娠出産育児に初めてかかわったのは30年以上も前のことです。ある保健所の保健師さんが、妊娠届をみて気になったので家庭訪問をしました。夫婦とも成育歴が複雑で、アルバイトをしながら小さなアパートで生活をしているときに、吐き気が止まらないことから友人に相談したら、妊娠ではないかと言われて産婦人科を受診しました。そこで妊娠が判明して医師から母子健康手帳をもらうように言われ、役所で妊娠届を出したということでした。

著者はその保健所ではときどき発達関連の相談を担当していたのですが、保健師に何となく夫婦とも精神薄弱（当時は知的障害ではなく精神薄弱）があるような気がするから、訪問に同道することを依頼されました。インタビューの詳細は控えますが、話がなかなかまとまらず、ふたりとも語彙が少ないこと、昨日の食事の内容などが思い出せないこと、高校へは進めなかったこと、読み書きの能力が低いことなどから知的課題を抱えていると考えました。

保健師が主導して地域の助産師会、母子愛育会にも支援を頼み、頻回の訪問や地域の産婦人科医院の協力もあって、ようやく出産にこぎつけ、退院後に育児がスタートしました。母乳がほとんど出なかったので人工栄養になりましたが、泣いていてもミルクをあげていなかったり、おむつ替えがうまくできなくて湿疹がひどくなったりしました。そうこうしているうちに子どもの体重がなかなか増えないこともあって、福祉事務所とも相談し、子どもは乳児院に入ることになりました。そのつもりはなくても結果として今でいうネグレクトになりました。

子どもが入所したあとに保健所でミーティングをしましたが、できることはしたつもりだったのに、何もできなかったような無力感だけが残りました。まだまだ教育も福祉の法整備も不十分な時代でした。

七生養護学校事件

文部科学省も東京都も１９９０年代には性教育の推進を掲げていましたが、２００２年には衆議院でも後述する質問があり[141]、性教育への逆風が吹き始めていました。そんなとき、２００３年に東京都立七生養護学校で知的障害を抱えた子どもに行われていた性教育の授業内容が不適切であると、視察に訪れた都議会議員より指摘がなされました。その指摘を妥当だと判断した東京都教育委員会（都教委）は性教育推進の方向性を変え、当時の校長および教職員に対し厳重注意処分を行いました。これに対して東京都弁護士会は２００５年に警告書[142]を出しました。

教員たちは、都教委の処分が教育への不当介入に当たるとして、都教委および東京都議会議員３名に対して損害賠償を求める訴訟と、本件を理由とする降格処分の取り消しを都教委に求める訴訟を起こしました。裁判では、いずれも原告側（七生養護学校校長、教員ら）の勝訴となり、２００８年に都教委の裁量権の乱用が認められたほか、２００９年に都議３名らに対する賠償請求も認められました。最高裁まで勝訴しました。

七生養護学校では、１９９０年代に障害を抱えた子どもの妊娠が発覚したことをきっかけに、知的障害を抱えた子どもたちへの性教育の重要性を認識し、「こころとからだの学習」と位置づけて小学部から高等部までの一貫した教育を先進的に行っていました。この中では妊娠、出産や勃起、射精についての模型や人形を使った教育や、身体の各部位を詠み込んだからだうたを歌うなどもありました。知的障害を抱えていると抽象的な概念を理解することが苦手な場合が多いことから、このように「具体的」にしたものです。しかし、それを「過度」「不適切」と議員に指摘されて都教委が誤った対応をした事件でした。

　この当時、著者は地方公務員として思春期の子どもたちの相談事業を行っており、そこでは中高生からの妊娠の相談も受けて性教育について考えることが多かったので、この事件の経過は新聞報道なども含めて注目していました。

著者と性教育

　著者が性教育の方法に悩んでいたとき、２００２年に母子衛生研究会が「思春期のためのラブ＆ボディＢｏｏｋ[143]」を作成しました。そして全国の中学校に無償供与し、生徒への配布を依頼しました。ところが同年国会で山谷議員より問題点が多いのではないかと質問があり[141]、その流れから多くの地方議会でも疑問視され、配布中止、回収することになりました。当時著者は地方公務員でしたが、回収せず、中学生への配布を進めました。

　その後、教育委員会と相談して中学生向けの性教育資料を新たに作成して配布しました。退職後になりますが、２０１１年に日本小児科学会思春期臨床講習会で性の問題を取り上げ書籍にしました[144]。中学生向け教材や高校生向け教材を含めて思春期の性を多角的にまとめましたが、その中で岩室紳也氏は「特別支援学級での性教育」について、包茎や自慰などについて具体的に記述しています。

東京都をはじめ廃絶に等しかった性教育は、２０１０年代後半から少しずつ推進に向かっています。著者も北海道から九州まで高校生の性教育のお手伝いをしてきました。

知的障害と性教育

このようにわが国の性教育はいったん後退しましたが、国際的にはユネスコが「包括的性教育」のガイダンスを２０１８年に報告し(145)、文部科学省などもその流れに沿いつつあります。しかしガイダンスの中でも知的障害には述べられていません。また性教育全体の中で包括的性教育をどのように位置づけるかについてはわが国でもさまざまな議論があり、社会的合意はまだ得られていません。特に知的障害を抱えている場合、その程度によって教育や配慮の内容も変わってきます。

最近、ようやく知的障害を抱えていても使えそうなテキストがでてきました。ひとつは米国で出版され、たちあすか訳による日本語版「あかちゃんはどうやってできるの(146)」です。ひらがな表記でわかりやすく書かれており、読みやすいですが、性交、射精などの具体的なことについては書かれていません。

もうひとつは宮原春美監修の「からだと心のマナーブック(147)」です。長崎の南高愛隣会から障害を抱えている子どもたちを対象として刊行されています。子ども向けのページから支援者向けのページまで、基本から月経、自慰、恋愛までていねいに編集されていますが、知的障害の程度によっては支援者が補足説明する必要もありそうです。

このように知的障害を抱えた子どもたちへの性教育はようやく再開されたという印象ですが、七生養護学校で行われていたように模型などの具体物を使った教育の復活も待たれます。またＡＩを使って必要と思われる教育画像をイラスト形式などで出力して利用できるようになってほしいと願っています。

著者はおもに支援者向けにYouTube動画を公開しています(148)。性の全般から発達障害について解説しており、知的障害には触れていませんが参考になれば幸いです。

性被害、性加害

性被害

知的障害を抱えている場合、男女を問わず性被害への対応を幼児期から考えておく必要があります。性被害を受けるのは「親族を含む、知っている人から」がもっとも多いですが、それ以外の知らない人から受ける場合もあります。知っている人からの性加害はくり返し行われることが多く、しばしば長期間にわたります。密室で被害にあうことが多く、明らかになる件数は「氷山の一角」に過ぎないと考えています。

性被害に限らず、知的障害を抱えていると児童虐待や暴力行為などを受けやすいですが、家族などからの場合には親告罪（自分で被害を受けたことを訴える）となることもあり、子どもの権利が守られるとは限りません。法制度上も第三者による通報（児童虐待では可能ですが、それ以外は整備が不十分）が積極的に推奨される、あるいは義務づけられる制

表　性被害を防ぐために気をつけておきたいこと

- ・人のいないところでひとりになることを極力避ける（通学路も危ない）
- ・外では名札、名前の書いてあるもの（たとえば傘）を露出しない（わかれば名前で呼ばれる）
- ・知らない人に何か聞かれたら（たとえばトイレはどこ？）わかりませんと答える
- ・外で知らない人に声をかけられたら20m逃げる
- ・助けてくださいのヘルプサインを出す
- ・防犯ブザー、GPS（携帯電話もそれ以外もあります）を持つ

度ができてほしいと感じています。

性被害のきっかけはグルーミング（手なずける）が多いですが、突然の暴力的な行為の場合もあります。グルーミングは「かわいいね」「その自転車かっこいいね」などの言葉かけから始まることや、お菓子やおもちゃ、金銭などをちらつかせることもあります。悪意をもって近づいてくる人をすべてブロックすることは不可能ですが、表に掲げた点について留意し、できるかぎり対応してほしいと思います。

外で知らない人に声をかけられたら20m逃げるという方法は、子どもの安全を研究するステップ研究所の資料で知りました[149]。実際に距離を測って練習してみることもお勧めです。ホームページにはあやしい人の見分け方などほかにも役に立つ情報が多いです。ヘルプサインの練習については第10章でも述べます。

グルーミングではなく暴力的に近づいてきた場

合でも基本的に同じです。レイプや不同意わいせつは思春期に達する前でも起こります。男女ともです。これも知っている人から受けることが多いので、知り合いだからといって油断はできません。

交通機関の中や通りすがりの痴漢行為も受けやすいです。声を上げて適切な言葉で抗議することが難しい（知的障害の程度にもよる）こともありますが、まずは①防犯ブザーを鳴らす、②大きな声で「助けて」と叫ぶ、③可能な状況なら逃げることが大切です。周りの人の協力があれば対応ができるかもしれません。女性の場合は女性専用車の利用もお勧めです（危険がすべてなくなるとは限りません）。

性加害

性加害は友だちに誘われて行われる場合もありますが（中学生女子をみんなで取り囲んで触った：補導されました）、著者の経験でいちばん気をつけなければならないと感じたのは、軽度の知的障害を抱えた男子中学生が通りすがりの女性の服に手を入れて胸を触り、警察に通報された事件でした。

小学生になっても寝るときは母と一緒で、寝るときには母の胸を触る習慣がついていたようです。中学生になってからもときどきありましたが、家の中だからと思っていたら外でもしてしまったという事件でした。一緒に入浴することも同様です。性的な面でも思春期には変化しますし、5歳だと許されることも15歳では許されません。著者の外来では、入浴も添い寝も小学校低学年までにするようお話ししています。母親が男児と一緒に入浴していて、男児の視線が胸やおしりに向かい始めたときには、入浴介助も水着など着衣でしてくださいとお話ししています。

思春期に入ると特に男子は突然の性衝動に駆られることもあります。知的障害を抱えている場合、歯止めが利かないで触る、抱きつくなどの行動がみられることもあります。幼児が対象になることもあります。危ない状況をなるべくつくらないことや、場合によっては体を十分動かすなど、後述の性処理も含めて対応を考えることもあります。自閉症スペクトラム障害を合併していて、刺激への反応が強い場合には投薬を行うこともあります。

月経（生理）をめぐって

女子の月経は思春期早発症（小学校低学年で胸が大きくなる、陰毛が生えるなど）でなければ、思春期の第2次性徴の一環として、小学校5年生から中学校2年生ごろまでに初潮がきます。これは知的障害を抱えていても同じです。

知的障害を抱えた子どもたちに月経の意味や対応を教えていくことは簡単ではないですが、性被害予防の面からも対応が必要です。津田聡子はそうした面での研究を続けています[150]し、著者と中村奈穂子もYouTube動画を公開しています[151]。

一般的には女子の身長のスパート（1年で10㎝以上伸びることもある）が小学校後半から中学校にかけておき、そのあとに初潮がくることが多いです。身長が急に伸び始めたらナプキンの使用などの準備教育の時期になります。

わが国では月経は誰にもくるものだからと対応したり、それに伴う気分の乱れや身体症状には耐えることが普通だと考えている人たちが多いですが、今はピルなどによって月経を調節したり月経に伴う症状を軽減したりすることは可能になっています。ピルは避妊目的だけではなく、月経や月経随伴症状に対しても使えますので、著者も月経に伴ってしばしばパニックを起こす知的障害を抱えた子に、ピルを処方して症状を軽くした経験もあります。ピル以外に点鼻薬、注射薬を使う方法もあります。

つらくても耐えなければという考え方は変えていく時期にきています。ただし片頭痛がある場合には脳血管障害のリスクが高まるので、ピルが禁忌（使ってはいけない）になる場合があります[152]。

日本版DBS

DBS（Disclosure and Barring Service：前歴開示および前歴者の就業制限機構）は性犯罪歴がある場合、子どもや高齢者、障害者などにかかわる職業につけないようにするものです。英国では2012年に制度化されました[153]。

わが国でも性犯罪歴のある人の雇用によって性犯罪が引き起こされる事案が増加しているとされることから、こども家庭庁が中心になって日本版DBSの法制化が検討されています[154]。こども家庭庁が管轄することからわかるように、子どもが対象で、高齢者や障害者は対象になっていません。どの範囲まで就業にあたって「無犯罪証明書」が必要になるのかは明らかになっていませんが、教員や保育士などの公的資格保有者は該当することになると思われます。しかし塾の講師、スポーツ指導員、ベビーシッターなどその周辺で子どもたちにかかわる職については明らかではありません。

ＤＢＳの実施のためには無犯罪証明書の発行という個人情報にかかわる部分があり、憲法に保障された職業選択の自由との兼ね合いが課題になっています。

しかしながら、特に知的障害を抱えた子どもたちは性被害にあうリスクが高いだけではなく、コミュニケーション課題からそれを「訴える」ことの困難さも抱えています。子どもたちを守るためにも、著者は公的資格以外にも対象を広げた日本版ＤＢＳが必要であると考えています。

性処理

男子も精通が起きるころには早朝の勃起なども起きますし、射精をする自慰行為もみられることが多くなります。夢精（睡眠中の射精）の場合には下着を替える、汚れた部分を拭くなどを教えて実行させます。

自慰は床や壁に陰茎をこすりつけて行うのではなく、手の親指と人差し指で〇をつくり、その中に陰茎を通して行うことを外来診療でも教えています。同時に、個室内や他人の目に触れない場所など、してよい場所についても伝えています。

性衝動がある、あるいはそれが引き起こされる可能性がある場合には、事前も含めて体を動かすこと、運動が基本です。また射精することによって性衝動は軽減されますので、自慰・射精は性的行動としてだけではなく、性衝動による社会生活でのトラブルの軽減にもつながり得ると考えています。TENGA(155)のような器具を使う方法もあります。

女子の場合には、清潔にした爪を切った指でやさしく陰核およびその周辺をなでる、乳首を同じようになでることをお話ししていますが、膣への器具挿入は外傷の危険性もあり、勧めていません。男子のみならず女子の自慰行為も特別なものではありません。

性の権利

前述（11ページ）のとおり以前は優生保護法があり、知的障害者には避妊手術が行われるなど性の権利の否定がありました。いうまでもなく知的障害を抱えていても誰かを好きになったり、抱き合ったり、セックスに至ることもあります。まずはそれがグルーミングに始まる過程ではなく、自分でそれを決めた自然な流れであることが大切です。

セックスをすれば妊娠する可能性もあり、そうなれば出産、育児をしていくことも考えられます。著者の経験したケースははじめにお話ししましたが、もし出産、育児となればサポートが必要になるものの、まだわが国では十分な体制は構築されていません。

知的障害を抱えている場合、新生児の育児シミュレーションをしてみて、自分たちにそれができるかどうかを考えるというスウェーデンの試み(156)があります。著者はとても興味深く読みましたし、わが国でも導入できたらと感じました。そこで出産から育児に進むことを決めるのは権利です。進まないのであれば確実な避妊法を選択することになります。大切なことはそれを周囲から強制されるのではなく、可能な限り「自己決定」することです。支援は基本的に自己決定するためのお手伝いでもあります。

妊娠した場合の母子健康手帳についても、知的障害を抱える人のためにやさしく解説した冊子の開発も行われています。[157] 妊娠中のサポート、出産時のサポート、育児のサポートとそのあとにも続いていきます。著者は過去にある自治体の母子保健の担当者でしたが、そこでの経験を踏まえても、当事者だけではなく家族を含めた支援が必要になると思います。

現在では著者がいろいろとかかわった時代と異なり、スマホをはじめとしたＩＣＴ機器の利用が容易になり、画像や動画を送ってサポートを求めたり、オンラインで支援者と状況を目視しながらサポートしたりできるようになってきました。そうしたすべてを踏むことで、知的障害を抱えた子どもたちの将来の性の権利、自己決定権が確保できればと願っています。

LGBTQ

同性などへの性指向（Ｌ：レスビアン：女性同性愛者。Ｇ：ゲイ：男性同性愛者。Ｂ：バイセクシャル：両性愛者）、生物学的性と異なる性自認・性別違和（トランスジェンダー）[6]、その他（Ｑ：クィア）がありますが、これは知的障害を抱えていてもみられることがあります。

著者は、性指向を知られたことからグルーミングにつながり、性被害に遭った男子のカウンセリングと警察を含めた対応のお手伝いをした経験もあります。性指向はなかなかわかりません。ただわかったとしてもそれは否定的にみられるものではありません。

性指向自体は基本的に個人の自由だと思いますが、性別違和については性の転換のためのホルモン療法や性転換手術という問題もでてきます。著者には経験がありませんが（気がついていなかっただけかもしれません）、生活面の配慮や支援も合わせて検討することになると思います。ホルモン療法や手術については、意思決定も含めて知的障害の度合いの問題もかかわってきますが、どうするかを決めることは困難を伴うと思います。

第10章 ライフスキルトレーニング

知的障害を抱えているから、今できないことはこの先もできないとは限りません。子どもたちが大人になって暮らしていくときに、できることがより広がるために今できることはあるはずです。

あきらめないで少しずつ積み重ねることが、今だけではなく大人になってからも周りからのサポートを受けやすくすることにつながります。欲しいもの、してほしいことが適切に伝われば受けられるサポートが、コミュニケーションがとれずにうまく伝わらなければ受けられないかもしれません。

障害を抱えているとみなされると、よくかけられる言葉が「あたたかい目で見ましょう」「長い目で見守りましょう」という言葉です。医療、教育、福祉、いろいろなところで聞かされます。こうした言葉を聞いたときに著者が感じるのは「具体的に何をすればよいのかがわからない」からこうした言葉で逃げているということです。あたたかい目も長い目も何ら具体性はありません。

ライフスキルトレーニングという言葉は以前スポーツ界で使われていたようですが、１９９７年にＷＨＯがライフスキル教育という考え方を提唱しました。[158] ライフスキルとは子どもが「日々の生活において要求を適切に処理したり、課題をこなしていけるようになったりするために必要な、社会適応や積極的な行動ができる能力」とされています。これらは国や人種を問わず大切なことだと思います。

著者は10年あまり前から社会生活上の困難を抱える子どもたちへのライフスキルトレーニング（Life Skills Training：ＬＳＴ）を勧めています。[56] 知的障害であっても発達障害であっても身体障害であっても、障害の種類や診断に基づくものではなく、抱えている社会生活上の困難に対応するために何ができるかを考えて実行することが大切です。

ライフスキルトレーニングの内容

図（152ページ）のように生活能力、対人関係、学習、運動の４つの軸で考えています。生活能力には（生活習慣：幼児であればトイレットトレーニングや食事習慣など、児童であれば食事、睡眠などを含めた生活全般）、対人関係（非言語、言語によるコミュニケーションや社会的妥協、あいさつや要求など）、学習（いわゆる読み書き算数だけではなくＩＣＴスキルなども含む）、運動（粗大運動、微細運動、協調運動など）になります。

これらを行動観察や個々の理解度に応じて、さまざまな介入（非言語的介入も含む）を

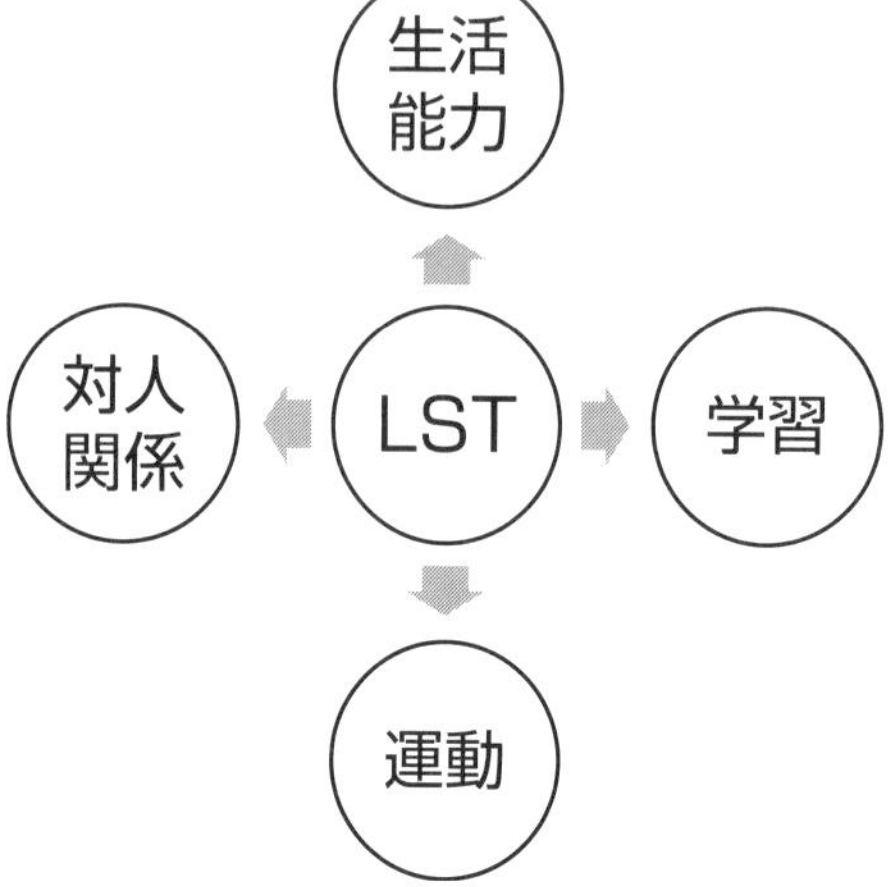

図　ライフスキルトレーニング

行っていくことになります。介入は「療育」とも表現されます。

ライフスキルトレーニングの内容は著者の上梓した書籍、幼児期は「幼児期のライフスキルトレーニング」[83]、小中学生は「小中学生のライフスキルトレーニング」[90]にイラストや手順を入れて紹介しています。本書ではいくつか知っていただきたい項目についてまとめました。

ABC分析

ABC分析は、先述（112ページ）のとおり行動分析の基本です。くり返しますが、A：antecedent（前提条件、先行条件）、B：behavior（行動）、C：consequence（結果）でABC分析です。強度行動障害や次項の「不適切行動を減らす」ためにも必要となります。

ＡＢＣ分析はＡＢＡの基本原理のひとつであり対応方法もいろいろありますが、ここでは単純化して例を挙げてお話しします。

①おなかがすいたことが伝えられない（Ａ）→暴れる（Ｂ）→叱られる（Ｃ）

「おなかがすいた」という先行条件をどうやって伝えるのか、それが伝わって食べ物が手に入れば暴れないで済むわけです。その先行条件が伝わらないと「暴れた」という行動に注目され叱られるという結果になるかもしれません。この場合には先行条件を変えて訴えることができれば結果も変わると思いますが、先行条件の変え方は子どもの表出だけではなく、「おなかすいたの？」「外に行きたいの？」という質問を「暴れる」状態でしてみることです。それにより「おなかがすいた」を選択できれば結果が変わります。子ども自身が先行条件を変えられるようなトレーニングだけではなく、質問をするという手助けが効果的なこともあります。知的障害を抱えていて意思表出がうまくできないときには、選択ができればサポートできます。

②リストをつくらない（Ａ）→忘れ物をする（Ｂ）→なくて困る（Ｃ）

よくあるパターンで、何を持っていく必要があるのかがわかっていないと忘れ物をして困るという場合です。知的障害を抱えていると、出かけることに気をとられて「何をもっていくか」まで考えていないこともあります。ですから忘れ物をするという「行動」を変えるためには「リストをつくること」の練習やサポートをすることになります。スマホを持つようになれば「To Do」リストをつくって準備したものをリストから選んでチェックボックスをマークする。帰るときには忘れないようにチェックボックスのマークを外すことでミスを防ぎます。実際には、忘れて困っている（結果）ときに、どうして忘れたの（行動）と責められることがよくあります。これもそのような言葉を使わなくてすむように対策を考えたいですね。

③原因（A）がわからない→突然かんしゃくを起こす（B）→タイムアウトされる（C）

先行条件は直前のこととは限りません。以前のことがフラッシュバックしてパニックにつながることもあります。その場合には先行条件がわからないので変えられません。かんしゃくを157ページの切り替えなどで収めてから、できればタイムアウトはしたくないです。知的障害に自閉症スペクトラム障害が重なっていると比較的よく遭遇しますが、かんしゃくを切り替えるだけではなく、日常生活での小さなトラブルを注意したり叱ったりしてやめさせていると、フラッシュバックが起きやすくなるかもしれません。何かあったのだろうかと保護者と振り返って考えたときに「ごはんをこぼしたときに注意した」ことが出てきて、かんしゃくが次の日の夕食前に突然起きたことがありました。本当に因果関係があるのかはわかりませんが、しばらくは食事の前に「こぼしてもしからないよ。自分でひろってね」と声かけをするようにしてみました。

④まわりがうるさい（A）→自分も騒ぐ（B）→叱られる（C）

これはわかりやすいと思います。まわりがうるさいという先行条件につられて「騒ぐ」という行動が起き、結果として叱られたという場合です。知的障害の程度にもよりますが、まわりが騒いでいるとつられて騒ぎ、まわりが静かになったあとでも騒ぎ続けて叱られることもあります。先行条件の「まわりがうるさい」を「まわりが静か」にすればつられて騒ぐ行動も、叱られるという結果もなくなります。

著者の試みているトレーニングは先行条件が同じでも、「騒がないで静かにしていて」（行動）、ほめられる（結果）という道筋です。その場の状況を理解してまわりにかかわらず適切な行動に結びつけられたらと考えています。具体的には次項をご覧ください。

不適切行動への対応

指示に従わないで動き回る、唾を吐く、飛び出そうとするなど、知的障害を抱えていてもいなくても子どもたちはさまざまな「不適切」とみなされる行動をします。多くの場合、その行動は注意されたり叱られたりすることにつながりますが、一時的に止まったとしても、その行動はまた出てきます。特定の環境や状況でのみその行動が起きるのであれば、環境や状況を変える、避けるなどの対応も考えます。

不適切行動が起きると、「不適切行動↓叱る↓不適切行動↓叱る」のループに入ってしまいます。著者はこのループをどうやったら逃れられるかを考えていました。その結果、考えついたのは次のループです。

不適切行動をしようとするががまんする

「不適切行動をがまんする↓ほめられる↓不適切行動をしようとするががまんする↓ほ

められる」という流れです。がまんすることによって「叱られる」を「ほめられる」に変えるわけです。もちろん簡単ではありません。がまんしたときに何らかの「ごほうび」が必要になることが多いです。はじめはがまん1回への小さなごほうびですが（物ではなくてもハグとかハイタッチもあり）、慣れてきたら、がまんしたらシールをもらう、シールが3枚たまったら小さなアイスに交換できるなどのごほうびを考えます。年齢によってはYouTube5分視聴券などもあります。がまんしたときに、それが自分の得になるという理解が行動を変えていきます。自然にがまんができている状況をみたときには、すかさず「言葉かけ」も大切です。

不適切行動には暴れる、手を出す、動き回る、指示に従わないで別のこと（ゲームなども含む）をするなどさまざまです。母親の胸やおしりに触るなども含まれます。

適切な行動を維持する

もうひとつ大事なことは、適切な行動ができたときにどのように維持するかです。お手伝いなど子どもたちが「ほめてもらいたくて」行動することもありますし、これをすれば「ほめてもらえるのに気づかない」ということもあります。「[redacted]してくれてありがとう」「[redacted]してくれたらうれしいな」という声かけもできます。「してくれたらうれしいな」と言っているわけですから、してくれたらハイタッチや「ありがとう」は欠かせません。

これらの方法が使える年齢は知的障害の程度にもよりますが、「ほめられて表情がうれしそうになる」程度の対人関係の能力が必要だと思います。

耳たぶをもむ

両手を握りしめる

図　きりかえ

きりかえ・タイムアウト

ここまでの方法で不適切行動やかんしゃくがなくなるとは限りません。無視する方法もありますが、無視している間に他害行動などがひどくなることもあります。そうした場合には無視よりも行動を切り替えるとか場所を変えるなどを考えます。

不適切行動を叱って消すのではなく「きりかえて消す」方法はいくつかあります。イラストのように両手を握りしめる、耳たぶをもむ、腕をすりすりするなどを勧めていますが、左右の前腕を10回ずつすりすりする（こする）方法は有効率が高いです。3回ジャンプするなど体を動かす方法もあります。

もちろんそれで止まったらハイタッチや「よかったね」「すごいね」と声かけをします。テンションが上がっていたり興奮したりしてきりかえの指示が通りにくい場合には、静かな声かけと肩を指でとんとんと軽くたたいて振り向いてから指示を出します。

図　きりかえ（腕を10回ずつすりすり）

タイムアウトは一般的には静かな場所への移動です。最近では学校でも小さな薄暗い部屋をカームダウン（クールダウン）スペースとして準備しているところが増えてきましたし、空港などでも設置しているところもあります。

最初は嫌がることもありますが、そこで落ち着いて、落ち着いたらほめてもらえることで徐々に抵抗なく移動できることが増えてきます。必要とされる時間は状況によりますが、10～20分以内には落ち着くことが多いです。

それでもうまくいかないときにはどうするか。少し汗ばむ程度に体を動かすことによって落ち着いたり切り替えたりできる場合もあります。あらかじめ体を動かしておく（ジョギング程度でも）ことによって、不適切行動が出にくくなることもあります。

いろいろな方法がありますが、これがあれば大丈夫という決定打は著者はまだ見つけていません。環境設定も含めてできることを探すことになります。

幼児期の対応

視線が合わない、まねをしない、遊びのパターンが決まっているなど行動が気になることがあります。その場合にはそれを放っておいてよいのか、あるいはかかわることで変えようとするのかという選択肢もあります。気になる行動が知的障害によるものなのか、あるいは、たとえば自閉症スペクトラム障害のために起きているのか、著者には区別できないことが多いです。しかし気になったら何かできることをしてみようと考えています。「幼児期のライフスキルトレーニング[83]」も参照してください。

対応は、語りかけたり、触ったりくすぐったりすることで子どもの反応を引き出すことから始まります。服を脱がせておふろに入れる、おむつを替えるなど開放感のある場面のほうがうまくいくことが多いです。ひとりで物にこだわっているようでも、そこから「一緒に遊ぶ」「まねをする」ことができるようになれば、指さしなどの要求が出てくる場合もあります。要求に応えることによって意思の疎通が図れるかもしれません。

言葉を話さないから話しかけても「ムダ」なのではなく、言葉を文章でたくさん聞かせることで、言葉のリズムがつかめる可能性もあります。模倣は言語よりも動作のほうがわかりやすいので、単語を言わないから何度も言わせようとするのではなく、手遊び歌などを使って模倣するうちに音声の模倣につながることもあります。

簡単な指示、たとえば「これすてて（ゴミ箱に）」「ボール拾って（床においてある）」

図　ハイタッチ

などを理解して実行できるようになったら、「指示する→実行する→ほめる」サイクルの出番です。幼児期の場合には1回1回ほめること、動作でもハイタッチでも構いません。ほめるのは「できたらすぐほめる」ことが原則です。時間がたって子どもが別のことに興味をもってからでは、その行動をまたしてみようという「動機」が下がりかねません。

ときには叱ることもあると思いますが「叱る」と「怒る」は違います。「叱る」は冷静にできるものですが、「怒る」は感情をぶつけることです。危ないことなど安全にかかわるときには瞬時に声や手が出ることもあるかもしれません。しかし、なるべく冷静に子どもの行動を見て、なぜその行動が起きているか、どう指示すればそれが再び起きる可能性が減るかを考えていきたいと思います。

子どもとかかわる、ほめる、ときには叱る、いろいろな場面がありますが、基本的には楽しく過ごすことが目標です。

表　日常生活で使うあいさつ

おはよう	おはようございます
こんにちは	こんばんは
さようなら	いらっしゃいませ
いってきます	いってらっしゃい
ただいま	おかえりなさい
いただきます	ごちそうさまでした
ありがとうございます	どういたしまして
ごめんなさい	すみませんでした

あいさつ

話ができるようになったらもちろん、話ができなくてもお辞儀をするだけでも、あいさつはできます。あいさつをされたときに返す、あいさつを自分からする、どちらも自分以外の他人との関係性づくり、確認です。

あいさつの習慣はいわば一生の財産なので、子どもの時期からの練習を勧めています。あいさつが適切なタイミングでできると潤滑油の役割を果たすため、社会生活が円滑になり、サポートも受けやすくなります。

就労するときに知的障害があることを伝えると「何もできない」ように受け取られることがありますが、そのときにあいさつができるだけで、その後の評価まで変わってきます。

日常生活で使うあいさつ語はたくさんありますが、まずは表の中からできるあいさつを習得しましょう。「おはよう」と「おはようございます」の使い分け（友だちと目上の人）が難しい場合には「おはようございます」を勧めています。どのあいさつにおいても、実際に口から出して、お辞儀をして、手を振ってやってみることが大切です。くり返し口から出すうちに適切なタイミングで使えるようになってきます。

家庭や学校での練習は、たとえば「おはようございます」であれば、ふたりでペアになり、交互に先に口に出すようにします。外来診療でやり方を見せることもあります。「いってきます」「いってらっしゃい」と「ただいま」「おかえりなさい」のように異なる言葉で応答する場合には、玄関などで役割を入れ替えて練習します。「ありがとうございます」「どういたしまして」は難易度が高いですが、できれば大人になるまでに習得したいものです。ごめんなさい、すみませんなどの謝る言葉も練習が必要です。これについては、ヘルプサイン、社会的妥協の項で触れます。

要求・選択・諾否

第7章でもお話ししましたが、コミュニケーションの練習でまず必要なのは要求・選択・諾否の3つです。要求「ちょうだい」「とって」「あけて」「かして」は発語したいですが、要求は文字指しや絵カードでも結構です。あるいは「ちょうだい」の身振り手振りですべての要求語に変えても構いません。

PECSにも通じますが、「ちょうだい」を示したら「りんご」「バナナ」などが先に立

図　要求（ちょうだい）

ち、さらに「ママ」など要求の対象がでてきます。少しずつ文章に近くなっていきます。要求しているのに理解されないとかんしゃくやパニックにつながることもあります。地道な練習ですが、要求ができ、それが理解されるようになるとまわりも楽になります。

選択も重要な技術です。提示されたものから自分で選ぶ練習をします。最初は2択に見せた1択からはじめます。「どっち食べたい？」ときいて「チョコレート」か「ビスケット」だと、どちらか選ぶよりも「両方食べたい」ことがあり選べません。ですからたとえば、最初は「チョコレート」か「くつした」で「どっち食べたい？」と提示すれば、チョコレート選択で言葉か指さしになることが多いので、選択の練習になります。

要求がうまくできないときに要求していそうなものを提示して選択すること、これは知的障害が重い場合でも成功することが多いですし、うまくいけば

図　諾否

そのあとの感情や行動の乱れも減ります。

諾否（イエス、ノー）も大切です。114ページのひらがな指さしカードにも「はい」「いいえ」は単語を入れています。それを指さすことで意思表示をしている子どももいます。同意と不同意をどのような形であれ（身振り手振りも含む）表出し、それが理解されることが円滑な行動につながります。実生活ではイエスよりノーが表出できるほうが大切なので、おもてに○、裏に×が書いてあるカードを使うこともあります。

強度行動障害が起きているときには、著者の経験の範囲内ではありますが、要求や選択、諾否が理解されない、伝わらないときにいっそう激しくなるように感じました。これらは、もしうまくできない場合は幼児期から意識して練習することをお勧めします[79]。

ヘルプサイン

困ったときに助けてもらうためのヘルプサインは、言語による表出が基本ですが、文字でも構いませんし、スマホでの電話お願い手帳アプリ[159]などを使う方法もあります。もちろん困った状況がいつ起こるかはわからないので、何もないときに練習しておくことがいざという場合の助けになります。代表的なヘルプサインは「困っています」「助けてください」「わかりません」「お願いします」などですが、他人に突然声かけをする場合もあるので、最初に「すみません」をつける方法もあります。

いやなことをされたときに「やめて」と言えることも必要です。外来診療でも著者が子どもの腕をつかんで子どもが「やめて」、著者が「ごめんなさい」、次は役割を入れ替えて「やめて」と「ごめんなさい」の練習をすることもあります。これも実際に声を出して言う練習をしておかないといざというときに言えません。知的障害を抱えていてもいなくても、ヘルプサインを出せることは自分の身を守るためにも大切なことです。幼稚園でも小学校でも、みんなで声をそろえて練習してほしいと思っています。

ヘルプサインを出せない場合どうするか。一つの方法はGPS（Global Positioning System）を持たせることです。GPSは居場所を知る役割を果たし、スマホやキッズケータイでもいろいろな種類が利用できます。たとえばランドセルにつけると外したときには役に立ちませんが、靴や、手首や足首につける方法もあります。迷子などどこにいるかわからない、家から飛び出してしまった場合などにも役立ちます。

感情表現

障害を抱えた子どもは、他人の感情を読み取ったり、自分の感情を表現したりするのが苦手な場合もあります。いつも学校ではにこにこしていて何も問題はないと思われていても、実はいじめがあり、それでも本人は一緒にいたいのでがまんしていたということもありました。前述の「やめて」が言えなかったこと、嫌な気持ちになっていることを、先生や周りの人に伝えられなかったことが解決の遅れにつながりました。

感情表現をカード化したものにはドロップレットプロジェクト(113)やプルスアルハ(160)などがあ

ります。プルスアルハのカードの使い方は著者のYouTubeでも解説しています[161]。「うれしい」「かなしい」「たのしい」「さびしい」「すき」「きらい」などの感情を出すことができれば、周りの人に「今どんな気持ち」なのかを理解してもらいやすくなります。もちろん口から言葉として出すことができればいいのですが、絵カードやタブレット端末で表示しても構いません。

お手伝い

お手伝いの習慣は就学前から少しずつつけていくように勧めています。お手伝いができたらほめる、シールをあげるなど、ごほうびはいろいろありますが、物やシールよりも大切なのは笑顔で「ありがとう」を言うことです。それは子どもが「ありがとう」の声かけを受け取るチャンスでもあります。子どもたちはしばしばありがとうやごめんなさいを強制されて言わされていますが、普段から言われていると子どもも口に出しやすくなります。「ごめんなさい」の練習は先ほどしましたね。

お手伝いは毎日子どもがすることを決めておく方法もあります。カレンダーにお手伝いをしたらチェックをする、カレンダーがチェックマークで埋まったら何かごほうびに食べ物を準備することもできます。

お手伝いをしてほめられることを子どもが学習すると、指示される前にお手伝いをする、先取りお手伝い（テーブルを拭く、箸を並べる、新聞を持ってくるなど）をしてほめられるのを待っていることがあります。そのときに声かけをしないと、子どもはお手伝いをしても無駄だったと学習しかねません[83]。

お手伝いの基本は食事、掃除、洗濯などの日常家事です。それらが適切にできれば将来の子どもたちの生活が楽になりますし、就労で役立つ場合もあります。食事は食器の上げ下げや洗うだけではなく、料理することも楽しいお手伝いになります。卵を割る、ホットケーキミックスを混ぜる、そしてガス火を使わなくても電子レンジやホットプレートで大体のことはできます。包丁を使わなくてもキッチンバサミで多くのことができます[162]。

言われたことをするだけではなく、朝食のメニューを自分で作ることができる範囲で考えてみるのもいいでしょう。理解できるようなら炭水化物、タンパク質、脂肪、野菜などのバランスも教えることができます。コンビニなどの商品にはカロリーをはじめ栄養素の記載があるので、将来の生活に向けた練習もできます。

掃除は家の中だけではなく外の掃除や、ごみの分別も含まれます。ごみの分別は自治体によっても異なりますが、将来、家庭を離れたときにも必要な能力です。床に掃除機をかける、はき掃除をする、ぞうきんで拭くだけでなく、風呂やトイレの掃除もあります。

もし将来の就業に役立てようと考えるのであれば、「机↓床↓台所↓ごみの分別↓風呂場↓トイレ」のように、文字でも絵でも構いませんので手順を示して、単発の行動ではなく少し長い時間の掃除ができるようになることを目指します。もちろん就労にかぎらず生活習慣としても役立ちます。

洗濯は洗濯機に任せればいいと思うかもしれませんが、簡単なものは手洗いして絞って干し、乾いたら洗濯物を取り込んでたたんでから収納する。簡単なルーチンにみえますが、全自動の洗濯機でない限り「干す」と「取り込んでたたんでしまう」の間に時間差があるので、一連の流れが定着するまでに時間がかかる場合もあります。

トイレの問題

お手伝いではないですが、トイレの問題もあります。トイレを汚さずに使うことも生活習慣として大切です。男子が洋式便器を使って立って排尿すると、まわりを汚すことがよくあります。特に朝は起床後に勃起していることもあります。あの人のあとはいつもトイレが汚れているとなれば家庭でもグループホームでも注意されることが多くなります。そうしたときには洋式便器であっても座って排尿することを勧めています。

女子の場合は月経中（生理中）の使用済みナプキンの置き忘れなどが指摘されることもあります。月経用のポーチにビニール袋をいれておき収納する習慣も基本のひとつです。[151]

対人距離感

他人との距離感には「物理的距離感」と「心理的距離感」があります。物理的距離感は具体的に離れている距離です。向かい合って話すとすれば１ｍ前後、みんなに話すとすれば少し離れて３ｍくらいになると思います。

心理的距離感は好きな人には近づきたい、嫌いな人からは遠ざかりたいという自然な感

手を伸ばしてぎりぎり届かない距離

図　対人距離感

覚です。しばしば失敗しやすいのは心理的距離感が近い「好きな」人に、物理的距離感が「近く」なってしまうことです。心理的距離感が近くても、たとえば恋人同士でも家の中ではくっついているかもしれませんが、外では手をつないでいても少し離れますし、多くの場合は一定の物理的距離感をとっていると思います。しかし知的障害を抱えていると心理的距離感が近いと物理的距離感まで近くなって、いわば密着しようとしてトラブルになることもあります。

たとえ好きでも向かい合ったときには手を伸ばして、その手がぎりぎり相手の体に届かない距離で話をすることを勧めています[89][90]。性被害を受けるリスクも下がります。

社会的妥協

誰しも負けたり、席や順番を譲ったりするのは気が進まないことでしょう。そうしたときに

「まあいいか」と思って切り替えることが社会的妥協です。知的障害を抱えていると、まるでダダをこねるように切り替えられず叱られてしまうこともよくあります。

そうなるとこれも練習です。外来診療では子どもとじゃんけんをして負けたら「まあいいか」と言う練習[89]や、YouTubeの視聴を声かけでやめて「まあいいか」という練習などいろいろしています。まあいいかが言えたら「できたね、やったね」という声かけとハイタッチの出番です。

これまでにもお話ししていますが、故意ではなく物を落としてこわしたときに「ごめんなさい」、歩くときに邪魔になる人のそばを「すみません」と言って通る。気が進まないかもしれませんが、これも練習です。気が進まなくても言えたらほめます。ほめなければ言えなくなると心配される保護者もいますが、口に出して言うのは習慣になるのでいずれは自然に言えるようになることが多いです。悪口や嫌なことを言われたときに反論したり戦ったりするのではなく、「あっそう」で流してしまうことも実際に外来診療の場でも練習します。「ばか」「あっそう」を子どもと役割を変えて言ってみる方法です。慣れるまでに少し時間がかかりますが、これができるようになるとトラブルも減ります。

会話ができなくても、ひらがな指さし表（114ページ）の「ごめんなさい」を指さす、ちょっと頭をさげてお辞儀をする、こんなことでも社会的妥協のはじまりです。

「もういやだ」「早く帰りたい」などを大きな声で言って叱られる、耳や鼻を指でほじったり、その指をなめたりして注意される。これもよくあることです。注意されるといったんは止まるかもしれませんが、いつのまにかその行動はでてきます。

「もういやだ」「早く帰りたい」などの言葉は「心の中で言う」練習をします。まずは声に出して「もういやだ」を3回言います。次に声に出さないで心の中で「もういやだ」を3回言ってみます。次はまた声に出して言ってみます。叱られる状況ではないときにする練習です。もちろんトレーニングですから「やったね」とハイタッチはつきものです。

「耳ほじほじ」「鼻ほじほじ」「指なめ」は無意識にしてしまうことが多いのですが、周りから見るといかにも不潔にみえる行動で拒否感を抱かれかねません。これも注意してやめるのはそのときだけです。練習では実際に「鼻ほじほじ」を実際に3回やってもらいます。次は心の中で3回です。これを何回かくり返します。できるようになったらタイマーをかけて10分間がまんする練習です。即効性があるわけではありませんが、こうした「したつもり」の練習が不適切な行動を減らすことにつながります。

がまんという努力を要するので、これも社会的妥協のひとつです。

数について

数を教えることはまず、数の概念を習得するところから始まります。大きい、小さい、長い、短いなどを数値化したものが数です。たとえば「2」という数字、「に」という音、実体物「」が2つ、この三者一致で始まります。いきなり○の数を数えて足し算の練習をしたり、数式の練習をしたりしても、頭の中での数処理ができなければ指を折って数える指算から脱却することは難しく、くり上がり、くり下がりの処理はできません。まずは具体物を使って5までの数をまとまりとして視覚的に捉える練習から始めます。参考図書[163]、著者のYouTube動画[164]もご覧ください。

数や形の練習を経て数式を使った計算練習に進みます。足し算よりも引き算のほうが難しいので、最初は数式ではなく具体物を使って行うこともあります。かけ算は足し算の延長線上ですが、九九のかけ算では2桁の数がでてくるので、2桁の足し算を理解し実行できるようになってから練習します。唱えて覚えても数の操作にはつながりません。

数助詞（何個、何人など）や単位（gやkgなど）は小学2年生の学習内容ですが、これらを理解し表出できると就労にも役立ちます。すなわち、積み重なった木片を3個ずつに分けてそれぞれの重さを測って記録するといった作業課題につながります。

お金と時間

お金と時間の管理も大切です。時計が読めるようになって、先の見通しが立てられるようになると生活は格段に楽になります。デジタル？　アナログ？　と聞かれますが、将来は両方必要でも、まずはアナログからはじめましょう。

著者は図（174ページ）のような時計スタンプ（何種類も市販されている。シール形式もあり）の使用を勧めています。まずは実際の時計の針の位置を写してみるのですが、そのときに短針は赤、長針は青など色を変えたほうがわかりやすいです。短針は1～12ですが

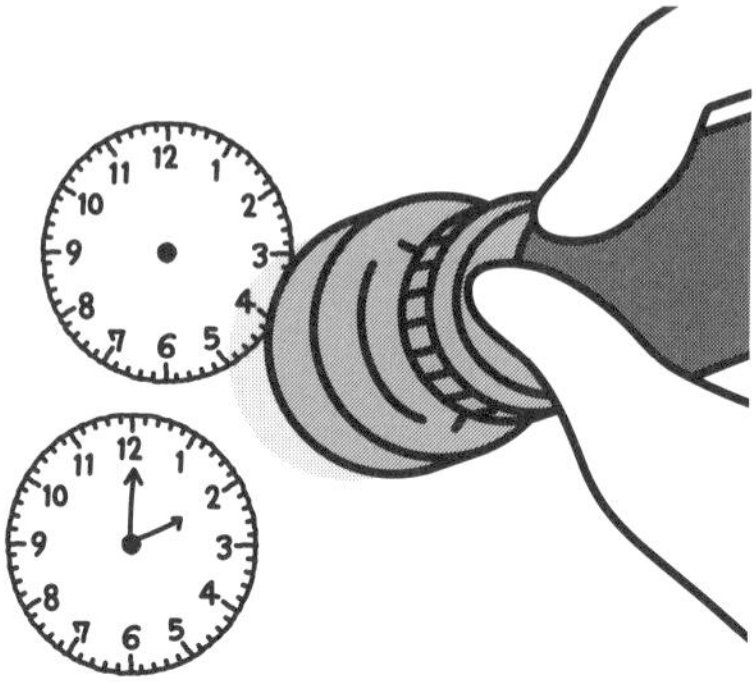

図　時計スタンプ

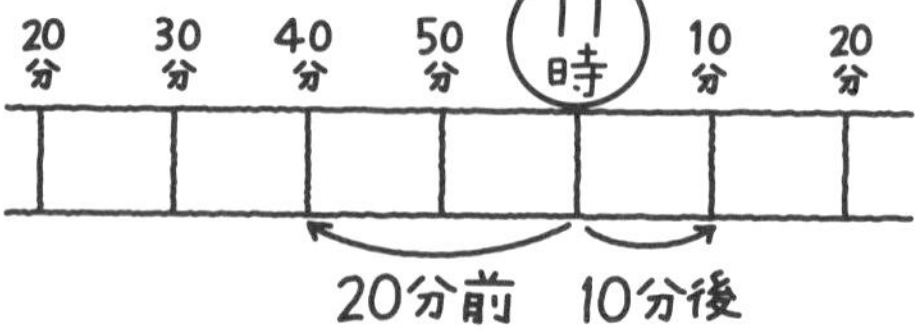

図　数直線の例

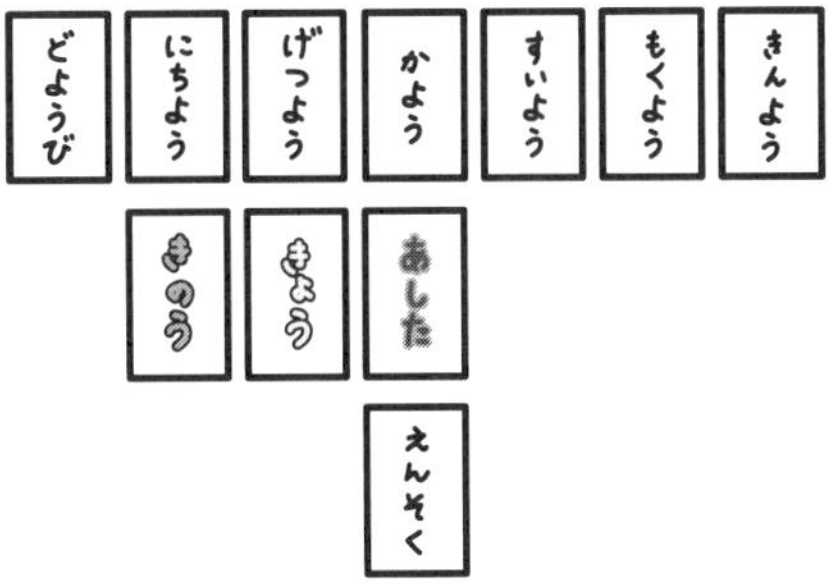

図　マグネットでつくる週間カレンダー

長針は0～60なので、区別して覚える必要があります。数概念がわかり、２桁の足し算ができるレベルではじめたいと考えています。

最初は毎正時から、できるようになったら30分単位、15分単位と進めていきます。何分前、何分後の習得は丸い時計では難しい場合には図のような数直線を使って練習します。スケジュールを文字や絵で作成して、そばに時計スタンプを押して時刻を書き込むようにすると、視覚化されてスケジュール管理もやりやすくなります。

それができるようになったら、アナログとデジタル時計のマッチングで両方使えるようにしましょう。スマホでスケジュール管理をするときの時刻表示は基本的にデジタルです。

時計の次はカレンダーですね。時間割などは週単位で組み立てられているので、きのう、きょうという時制の理解は週間で練習します。図のようにマグネットでつくった曜日を並べて、その下にきのう、きょう、あしたを入れて理解につなげます。それができるようになったら月間カレンダーの理解へと進みます。

お金

お金は、今後はリアルなお金よりはプリペイドカードなどのプラスチックマネーや電子マネーが中心になってきます。しかしはじめは硬貨の理解から進めていきましょう。著者は、６種類ある通常硬貨から２枚を取り出して数える練習を勧めています(165)。お札は３桁４桁の数や概数の理解ができてからはじめます。

知的障害を抱えている場合にクレジットカードを使うことは少ないと思いますが、もし使うのであれば過剰使用を防ぐためにプリペイドカードを勧めています。一般的にはコンビニなどで使えるカードが多いです。電子マネーなどスマホの画面を見せて支払う場合にも限度額設定を忘れないでください。

買物の練習として著者が勧めているのは午後２時のコンビニです。お店が空いている時間に店員さんに手がかかる練習のお手伝いをあらかじめお願いしておきます。お菓子と飲み物を一つずつバスケットに入れてレジに行き、支払います。プリペイドカードに３００円くらいチャージしてからはじめてみます。金額が理解できる範囲での練習ですが、買い物をしたいという欲求は、机の上での計算や練習と違って意外に上達につながることもあります。

５Ｗ１Ｈと日記

知的障害を抱えている子どもと話をしていると、単語はいろいろ出てくるのに結局何が言いたいのかわからないことがあります。また「今日は学校で何があったの？」という抽象的な質問に答えられなくて、「うちの子は学校であったことを話してくれない」と解釈されることもあります。

５Ｗ１ＨはWhat（何を）When（いつ）Where（どこで）Who（だれと）Why（なぜ）How（どうして、どう思った）の意味で、これにそって質問して答える練習です。[90]「きのうお父さんと約束していた動物園に行きました。楽しかったです」これで５Ｗ１Ｈは入っています。

はじめは４Ｗ（いつ、だれと、どこで、なにを）からでも構いません。「きのうお父さんと動物園に行きました」でも話は通じます。「学校で何があったの？」という質問には答えられなくても「今日の給食はごはんだった？　パンだった？」という質問だと答えられる可能性が高くなります。そこで「給食はおいしかった？　ほかに何食べた？」と聞いて答えが返ってくるようであれば「きょうの給食は何食べた？」という質問に戻します。

「きょうの給食は何食べた？」は自由に答えられるオープンクエスチョン（open question）、それでうまく答えられなければ「ご飯食べた？　パン食べた？」という選択肢のあるクローズドクエスチョン（closed question）、それでもうまくいかなければ「きょうは学校で給食食べた?」というイエス・ノークエスチョン(yes no question)をします。このように5W-Hを念頭に置いて質問を考えることで、話の内容は整理され、聞くほうも何を言っているのかわからないという状況が減ってきます。

ここまでは会話を目指す音声言語ですが、文字が書ける、打てるのであれば日記をつけることを勧めています。視覚的に5W-Hが確認しやすいですし、紙ではなくパソコンやタブレットに記録すれば継時的に残していくこともできます。最初は例文の「きのうお父さんと約束していた動物園に行きました。楽しかったです。」をすべてひらがなでも構わないので、書く練習をします。世の中では文字を書く機会がこの数年で劇的に減っていきます。外来診療でも手書きの診断書や意見書を出すことはありますが、それ以外はほぼキーボードとマウスの使用です。いずれはそれもなくなって音声入力で済むようになり、視覚的に確認すればよい時代になりそうです。

さて日記に戻ります。可能であればExcelなどの表計算ソフトを使うことを勧めています。計算をはじめ大抵のことは表計算ソフトがあればできるからです。就労後に日報を書くことがあると思いますが、それも表計算ソフトでの入力や、チェックボックスへのマーキングで行うことが増えてきました。計算は生活費用のチェックにも使えますし、予定表を作成することもできます。

5W-Hから話が広がりましたが、会話も文章も相手にわかるようにすることが基本です。相手に正確に伝えるために意識して5W-Hを練習しておきたいと思います。

運動

運動は子どもから大人まで身体機能の維持や向上の面からみても、とても大切です。しかし42ページのように知的障害を抱えた人の生活介護の場を訪れると、運動習慣がないこともあって肥満や生活習慣病が同年齢に比べて多くみられるように感じました。

著者が子どもたちの運動機能の問題に関心をもったきっかけは、発達性協調運動障害（133ページ）を抱えた子どもたちとの出会いでした。姿勢保持がうまくできないことを叱られても簡単には治りません。気合いが足りない、たるんでいるなどの精神論で片づけられていることも多々ありました。そこでいろいろな機器開発に取り組んだり協力したりして、現在ではトレキング[99]（96ページ）を紹介しています。これは発達性協調運動障害を抱えていない子の運動にも役立ちますし、軽度の知的障害を抱えていても使えます。

小学生の体育は週に2～3回、中学生では部活動を含めればより多い回数になります。すなわち子どもたちは通学も含めて体を動かす習慣はできているのですが、それがなくなると体調を崩すこともあります。たとえば公立中学校の部活動は中学校3年生の夏休みが始まるころに終わることが多いのですが、それから高校入学までの半年で運動量の低下から、急激に体重が増加する子どもたちもいます。

このような状況は知的障害を抱えていても同じです。知的障害を抱えている場合、外来診療の印象では運動量が低下するリスクが高いように感じています。小学校3年生で体重

40㎏は珍しくないですが、そこからは60～80㎏へと増加してくることもあります。学校に通っていても起こりえます。小学校３年生の平均体重は男女とも約25㎏ですから、この年齢で30㎏を超えてくるとすれば、身長が１４０㎝以上の大柄ではない限り、この先の肥満傾向を心配することになります。

ではどの程度の運動や食事をするのでしょうか。運動はウォーキングであれば４㎞、ジョギングであれば３㎞を勧めていますが、体重が増加しはじめるとそれも困難になってきます。なわとびができる子であれば毎朝縄跳び１００回などもあります。

運動系の放課後等デイサービスや習いごともあります。サッカーや体操教室は集団の場合には思ったほどの運動量にならないこともあります。個別に行うことが多い水泳やボルダリング、順番待ちではなく同時に体を動かす剣道や空手なども候補になります。著者は週に１回ではなくできれば週末のウォーキングなども含めて週２～３回するようにお話ししています。保護者やきょうだいの健康維持にも役立ちます。

食事についての注意点です。肥満傾向を心配するのであれば、①間食は避ける、食べるとしても油を使用したものは避ける、②食事では揚げ物、炒め物よりは煮物などの野菜を増やす、③食事は大皿からのとりわけではなく、個別に盛る、④なるべくみんなで食べる（ひとりで食べると早食いになりやすく、食べる量も増えがち）などをお話ししています。運動とあわせて考えていただければと思います。

ICTとゲーム・スマートフォン

ＩＣＴ（information and communication technology：コンピュータ、タブレット、スマホなどを含む）機器は私たちの日常に不可欠のものになっており、子どもたちは生まれたときから身のまわりにこれらが存在する環境で育っています。著者もインターネットを通じて連絡や意見交換、調べものなどをしない日はありませんし、離れてゆっくりした時間を過ごしたいとは思うものの、なかなかそうはなりません。大人がそうなっているわけですから、子どもたちも同じです。それは知的障害を抱えていてもいなくても変わりません。

現在の大人にとって不可欠であるならば、子どもたちの将来にとっても不可欠でしょう。その使用の是非を考えるよりは、どのように使えばよいかという折り合いのつけ方が大切になると思います。

日々、大人の多くはゲームやＳＮＳ（social networking service：LINE, Facebook, X, Instagramなど）に時間を費やしていると思います。ゲームをやりすぎたり、人によってはＳＮＳで炎上を経験したりしているかもしれません。ゲームはのめり込むように製作者は設計しています。ですから簡単にはやめられないのはあたりまえですし、多人数参加型だと自分だけ抜けるのが難しいこともあるかもしれません。

ゲームやYouTubeの時間制限をするのであれば（時間の概念や時刻がわかる状態であ

表　うさぎ先生のスマホのおきて5か条

1	スマホの他人との貸し借りはしない （個人情報、誤使用、詐欺などの危険）
2	クレジットカードの登録はしない（支払いに使わない）
3	実際に知らない人とのSNS（ラインなど）はしない
4	写真を送らない （Instagramはしない。写真は撮影した日時、場所がわかる）
5	課金はしない。可能ならプリペイドスマホにする

ることが前提ですが）、基本の時間（１日30分で土日は１時間など）を決める。増やす場合にはお手伝いなどで5分や10分のゲーム券を入手して延長するなどが考えられます。スマホについては表のうさぎ先生の5か条を参照し、この5か条を知的障害の程度に合わせて理解できるように話してください。これを守るだけでスマホトラブルは減ります。特に他人とのスマホの貸し借りは厳禁です。それで個人情報が漏れたり、誤った情報を流されたり、詐欺にあったりしかねません。

保護者のスマホでゲームをする場合、クレジットカード情報が登録されていれば簡単に課金ができ、保護者が気づいたときには数万円も課金されていたということもあります。スマホゲームは視覚的に処理できるものが多いので、重度の知的障害を抱えている子でもそれなりに操作し、はまることがあります。

87ページでも触れたように、SNSのトラブルは他人の批判と自分や他人の個人情報の流出、そして送信先を間違える「誤爆」が大きな原因になります。どこに送るかの確認がきちんとできるまでは、家族内でのやりとりにとどめることを勧めています。

個人情報には写真も含まれます。添付された写真から撮影された場所と時間を割り出すこともできますし、たとえば裸の写真を送ればそれがインターネットに流出することもあります。それに近いトラブルは知的障害を抱えた女子のスマホで起き、後処理を手伝ったことがありますが、最終的には何とかなったもののかなり時間がかかりました。

ゲームでは課金をしない約束も大切です。そのためにクレジットカードを紐づけないこと、プリペイドスマホを使うこともできます。

このようにICT機器の使用にはリスクもあります。ですから大人は子どもたちがそれらに触れる年齢を遅くしようとしてきましたが、デジタルネイティブ世代である子どもたちはそれに反抗してきました。

著者の見解ですが、ICT機器は早くから使いはじめたほうが「してもいいこと」「しないほうがよいこと」「してはいけないこと」のルールづくりが簡単です。遅くなればなるほど、周りの子どもたちに流されてルールが甘くなりがちです。長時間画面を見続けることによる弊害やほかの作業ができないなどの問題もありますが、それが生活で「いちばん楽しいこと」になってしまうとトラブルが起きやすいと思います。もっと別に好きなこと（ひとりでゲームするより友だちと遊ぶほうが楽しいなど）があると、起こりにくいと考えています。

自分で考えてICTのルールづくりをすることは大人でも難しいですが、上手に付き合えばこれほど便利なものもないかもしれません。どうやって子どもたちにそれを身につけさせるか、家庭や学校も含めて今後の課題だと考えています。

健康状態の把握

知的障害を抱えていても自分の健康状態に関心をもち、健康維持のために可能な対策を立てることは、限界があるとしても大切です。睡眠、食事、運動、排せつ、月経などいろいろあります。体重を毎週計測するなどのチェックもお願いすることが多いです。

たとえばスマホに連動したスマートウォッチを使うと、睡眠や運動のチェックをしたり、警告を出したりすることもできます。たとえば月経管理や女性の体の相談も、スマホアプリのルナルナ[166]を使えば簡単にできます。これらは文字が読めることが前提ですが、いずれは文字が読めなくても音声処理でできるようになると思います。

子どもたちがいきなりこれらを使えるようになるわけではありません。知的障害を抱えていても成長とともに理解できるようになることもあるでしょうし、もしそれができないとすれば、子どもを取り巻く人たちが手伝っていくことになります。

健康管理の重要性を痛感したのは、前述（42ページ）したように生活介護の施設をお手伝いしたときの体験でした。子どもたちが穏やかな日々を将来過ごすためには、環境だけではなく健康が欠かせません。後回しになりそうな健康にも目を向けることを忘れないでほしいと願っています。

第11章　成人になるまでに考えておきたいこと

今は子どもでもいずれはみんな大人になります。ここでは、そのときまでに知っておきたいこと、利用できること、できるようになっておきたいことについてお話しします。大人になったときに本人が知的障害を抱えていることを自覚できるかどうかは別として、「私は知的障害を抱えているからきっとできない」と感じる瞬間よりは、「私は知的障害を抱えているけど楽しくできることがある」と感じる瞬間のほうが多くあってほしいと願っています。

社会にはたくさんの人がいます。誰しもときには誰かに動かされ、ときには誰かを動かしています。いってみれば私たちは噛み合っている多くの歯車のひとつなのかもしれません。知的障害の状況にもよりますが、サポートを受けながらでも歯車として社会にかかわっていってほしいと考え、この章をまとめました。

親権をもっている間しかできないこと

民法改正により、成人年齢が18歳になりました。成人になるとさまざまな手続きや契約を保護者が代行することが難しくなります。預金口座の開設（都市銀行、地方銀行、ゆうちょ銀行の３種類を推奨）、スマホなどの契約（プリペイドもあり）、マイナンバーカードなどの取得（代理人の場合は成人後も可能）、印鑑登録は、成人後は本人がすることになります。それが難しいと思われる場合は18歳になるまでにしておくことを勧めています。たとえば、ぜんち共済の「知的障害・発達障害・ダウン症・てんかんのかた向け」保険や「こども傷害保険」も、保護者が必要と感じた場合には成年前に契約することを勧めています（詳細は保険会社へ。ほかにも数社あり）。

銀行口座の開設は本人確認が必要になり、成人すると手続きが難しくなる場合があります。給付は本人名義の口座に振り込まれることが多いので、口座開設を早めにするようお話ししています。口座からの引き出しは本人以外でも可能です。クレジットカードの保有は基本的にはお勧めしていませんが、インターネットから申し込みできるプリペイド型のカードもありますので、つくるのであればそちらがお勧めです（基本的に入金した金額の範囲でしか使えないため、審査不要）。すでに成人にはなっていますが、障害基礎年金の申請は20歳になる2か月前から可能です。基本はＡ判定（25ページ）ですが、該当する場合には保護者が奔走することになります。

子どもへのお金をどうやって残すか

つぎは、子どもへのお金をどうやって残すかという問題です。現時点で著者が知っていることを書きますが、成年後見制度と合わせて参考図書を参照するとともに、今後の制度変更にも注目してください[167][168]。

障害者扶養共済制度は、障害を抱えた子どもの保護者が毎月掛け金を納付することによって、子どもに一定額の年金を終身支給（現在、加入１口当たり２万円）するものです。実施主体は自治体のため、居住地の障害福祉担当に問い合わせください。加入者は保護者ですが、死亡または重度障害になったときに子どもへの終身年金の支給が開始されます。保護者が65歳以上で20年以上の加入期間があれば以後の掛け金納付は免除されます。

個人型確定拠出年金（iDeCo：individual-type defined contribution pension plan）を利用すれば、たとえば障害基礎年金の受給が始まってもただちに使う予定がない場合に、積み立てて将来の老後資金にすることができます。月額５千円から始められ、60歳以降に引き出し可能になります。金融機関が取り扱っており口座が必要です。

これらのほかに、信託銀行や信託会社に運用を委託する生命保険信託（保護者の生命保険金の運用を信託）や特定贈与信託（金銭などの財産を信託）もありますが、これらは相続とも関連してきます。お金の残し方については、これらにくわしい弁護士、税理士、社会保険労務士などに相談されることを勧めています。

こうした話をご家族とすると、多くの方は子どもの将来の心配をされますが、保護者も今後年齢を重ねていきます。保護者自身の老後の経済的課題もあります。子どもの問題と自分たちの問題、両方考えることは大変かもしれませんが、忘れるわけにはいきません。

成年後見制度

成年後見制度は、障害により判断能力が十分でなく、財産上の不利益を被る可能性が高いときに、申し立てにより家庭裁判所が決定します。知的障害を抱えている場合、判断能力が不十分であれば「法定後見」と、そのうちに不十分になりそうな場合の「任意後見」があります。法定後見の場合には、障害の状況により「後見」「保佐」「補助」の3種類があり、申し立て時点で添付する医師の診断書などを参考に決定されます。後見はかなり重度の場合です。中等度、軽度の場合には保佐、補助になります。高額な商品をだまされて買った場合に契約取消権をもつためには、この制度を利用することになります。

誰が成年後見人や成年後見監督人（成年後見を監督する人）になるかによって費用負担が変わります。また制度設計や運用は今後変わっていく可能性もあります。

施設入所に向けて

将来、家庭ではなくてグループホーム、入所施設のようなところで過ごす可能性の高い場合には、早めにショートステイをはじめることも勧めています。家庭以外の場所で過ごす経験です。保護者も年齢を重ねると、病気などのリスクが高くなってきます。事故や病気は突然やってくるので、そのときになってあわてても預けることすら難しい場合もあります。やはり早めからの準備が必要だと考えています。

保護者が年をとるとどうしても動ける範囲に制限がでてきますので、どういうグループホームがあるかの調査も含めて早めに動きだしましょう。グループホームも少人数の都市型、人数の多い郊外型、就労施設併設型（現在は農業関係が多く、郊外が多い）、それ以外の入所施設などさまざまで、子どもの状況によっても選択肢は変わります。ショートステイは家の近くの施設での練習でも構わないですが、グループホームなどは距離にかかわらずさまざまな施設を見学することを勧めています。

日常生活自立支援事業は知的障害者も対象です。これは、判断能力が不十分な方が地域で自立した生活が送れるよう、利用者との契約に基づき、福祉サービスの利用援助等を行うものです。地域の社会福祉協議会が実施しているところが多いです。詳細や利用については親権をもっている間に調べておくことを勧めています。

成人したらできること

成人すると、結婚、選挙権や契約権なども自分の意志で行使できるようになります。これらは知的障害を抱えていても当然の権利ですが、周囲のサポートが必要な場合もあります。結婚は148ページでも触れましたが、選挙は文字が書けることや選択についての学習が必要です。特別支援学校高等部などでは、模擬選挙や模擬裁判など社会に出たら必要になる課題を授業に取り入れている学校もあります。これはぜひ広がってほしいと思います。

契約権については、スマホの契約や住むためのアパート契約などがあります。スマホはプリペイドを勧めていますが、料金プランが理解できるのであればより適切なプランがあるかもしれません。こうした契約は、生活課題とステップ（51ページ）の⑧が大きなサポートなしでできるのであれば可能だと思います。ただ障害の状況によっては上記の契約取消権の設定が必要になるかもしれません。

飲酒、喫煙は成人が18歳であっても法律上は20歳からです。飲酒習慣は自分からというよりは友だちや家族に勧められて始まります。酔ったときの気持ちの高揚が忘れられなくて過度の飲酒に陥った子ども（20歳未満）の相談にのったことがありますが、家族を含めた生活習慣の改善をお願いしました。成人であれば飲んでよい場所と時間と量を決めることになりますが、飲酒しないという選択を自分で選んだ人もいました。

喫煙の問題は知的障害を抱えている子どもではあまり経験がありませんが、紙たばこの場合には火の始末（吸い殻が消えたことの確認）についてお話ししています。

家族の状況

障害を抱えた子どもを育てていると、社会生活を送るうえで困難に直面したり、費用がかかるため経済状況が悪化したりすることもあります。障害を抱える子どもを育てる家庭では離婚率が高くなることを、自閉症スペクトラム障害についてカルスト（Karst）ら[169]が報告しています。似たような報告はこれまでにもいくつもありますが、家族にとって決して楽ではない状況も起きます。

どのような家族形態をとるかはそれぞれの家族で決めることであり、離婚もひとつの選択肢なのかもしれません。わが国の離婚は裁判離婚ではなく協議（調停）離婚が多く、離婚後の子どもの養育費が払われなくなる場合もあります。養育費の支払いに差し押さえを含む強制執行をするためには、調停調書、判決文（確定判決）や公正証書（強制執行認諾文言のあるもの）などが必要となり、両者での契約書や覚書ではできません。離婚をする場合には知っておいていただきたいことです。

もうひとつは親権（監護者）の問題です。現在の法律では、離婚後は母親か父親のどちらかが親権者になります。国際的には共同親権を進めている国も多いですが、共同親権は医療などを受けるときに共同親権者の同意が必要になります。共同親権で障害を抱える子どもを育てる場合には、医療、教育などで緊急性の高い事態が起きたときに、迅速、的確な対応ができなくなる場合もあります。また就学や就労について、意見が異なるときの調整にも手間どることがあります。

知的障害を抱えた子どものきょうだいの問題も考えておく必要があります。家族ではありますが、きょうだい児は障害を抱えた子どものために何かをあきらめることが多くなる事態はなるべく避けたいです。長い休みの間など、きょうだいにも一緒に外来へきてもらって障害を抱えた子どもの説明をすることもありますが、著者はその説明とともに「あなたは自分の人生を自分で考えて生きてほしい」と伝えるようにしています[170]。事前に保護者と相談すると、第三者の立場からそう伝えてほしいとお願いされることもあります。

30年後のイメージ

たとえば現在は子どもが10歳であっても30年後には40歳になります。保護者はもういないかもしれませんが、そのときにどんなところで何をして暮らしているのかをイメージとして考えておくことを勧めています。[167] そのイメージができたら、それを実現するために何が必要なのか、教育なのか生活習慣なのか経済的課題なのかを考え、30年後ではなく1〜3年後の近い未来の方向性を考えます。

知らない土地に行けば誰でも最初は地図を見るものです。どこに何があるのか、どちらの方向に行けばご飯が食べられるのか地図を見ながら考えます。知的障害を抱えていると、保護者や取り巻く人にとってこの先の状況が予想もつかない、あるいは無理なことが多そうだから考えないという場合もあると思います。先のことは誰にもわからないものですから、1年1年生きていくことは知らない街を歩くことに似た部分があります。そのときに地図もなく、あてもなく歩くのか、自分なりに地図をつくってみて、歩く方向や目的を考えるのか、どちらにするかということです。著者はそのとおりになるわけではないとしても、未来の地図をつくるつもりでイメージしてみることを勧めています。

しばしば自立という言葉が使われますが、自立とは自分で何でもできるようになることではありません。もし私たち一人一人が、はじめに述べたように社会の中で暮らしている、いわば一つの歯車だとしたら、そこで噛み合う歯車の数を増やすことだと思います。いいかえれば依存できる、頼める場所を増やすということです。そう考えれば自立とは「不安が少ない暮らし」ということもできます。もちろん空間だけではなく経済面やヘルプサインの出せる対人関係全般なども含みます。

1時間・3時間

著者がよく外来診療や講演でお話しすることの一つに「1時間・3時間」があります。最近では超短時間労働（15分など）を認める動きもありますが、最低賃金の決め方は時給です。まずは1時間働き、一定の作業課題などをこなすことができれば、就労にもつながりやすくなります。たとえば食事のあとにテーブルをお手伝いで拭く、きれいに拭いたらほめてもらえて、それが1時間続けてできれば収入につながるということです。ですから作業課題ができるようになってきたら、それを連続してできるようにしていくことが大切です。199ページの趣味の課題を使っても構いません。

3時間は「あの人は目を離しても3時間くらいはひとりで過ごせる」「あの人はいつも誰かが見ていないと危ない」の差という意味です。この3時間は絵などを描いていても、テレビやYouTubeを見ていても構いません。スマホやタブレットでゲームをしていても結構です。それによって、たとえば40歳になったとき、家庭の中で生活していればともかく、グループホームなどに入所している場合には必要とされる体制が異なります。体制が厳重になれば、その分、自由は制限されるかもしれません。

著者がもう一つ講演などでお話しするものの中に、大人になってラーメンを食べるというものがあります。大人になってラーメンを食べたくなったときに食べるためには、「ラーメンを食べる経済力」「ラーメンを食べにいける空間的、時間的な自由」「ラーメンを食べにいき、注文するコミュニケーション能力」の３つが必要です。

経済力の面では1時間作業できることによる就労があてはまります。自由については自分で決めて自分で行動できる、ひとりでもいられる3時間が必要です。コミュニケーションは第7章でお話ししたとおりです。1時間・3時間、それによって働く場所も収入も、そして生活する場所も変わるかもしれません。

あいさつと保清・安全

あいさつの重要性は161ページでもお話ししたとおりです。練習の積み重ね以外にはありませんが、習慣になれば一生使えます。30年ほど前に障害者の働く場所づくりをされている方と話したことがあります。そのときに力説されていたのは、あいさつと保清の重要性でした。企画されていたのが食品系の企業だったので保清は重要だったと思います。

手を洗う、顔を洗う、髪をとかす、爪を切るなどの基本習慣、マスクや衛生キャップを装着する、手袋や保護衣、エプロンをつけるなどの職場対応、そして手を口にもっていかない、耳や鼻をほじらないなど回避したい行動（172ページ）、これらが保清に重なってきます。見た目の清潔さは考えている以上に評価につながります。

必要なことは子どもによっても、目指す職場によっても変わってきますが、習得したいことをリスト化して練習することを勧めています。積み重ねる時間が必要ですから、就労目前になってからではなく、小学生の時期からはじめたいと考えています。

就労に限らず、安全への配慮も知的障害を抱えている場合には必要になってきます。まずは交通ルールです。交通ルールは家庭や学校などで就学前から教え始めると思いますが、ひとりで出かけられるようになったらひと通り習得しておくことが必要です。自転車に乗るようになったら、他人に危害や迷惑を及ぼさない方法（自転車レーンがあればそこを走る、下り坂でもスピードを出しすぎない、ヘルメットを忘れないなど）を習得しておきましょう。

就労も含めて安全に対する知識も必要です。街を歩くのであれば「危険」「安全」「禁止」などの漢字を認識して意味を理解することは、都道府県名を覚えるよりもはるかに大切です。中央労働災害防止協会が海外からの技能実習生向けに作成した「イラストで学ぶ安全衛生漢字ドリル」[172]は、知っておくべき22の漢字を中心に必要な知識を身につけられるようになっています。中学生になったらこの本の内容を学習できたらと考えています。

就労

知的障害を抱える人の就労にはさまざまな種類があります。たとえば特別支援学校高等部を卒業した場合、学校はただちに就労を勧めると思います。しかし著者は84ページのモラトリアム（猶予期間）や福祉型カレッジなども含めて、可能であれば入るお金（生活介護やB型では工賃、それ以外では賃金）を増やすことを勧めています。すなわち「初任給」がその後50年続く可能性があることを考えれば、いかに初任給を高くするかが就労にあたってのカギになります。

一般的に就労は、社会保険や雇用保険の観点からは週に30時間以上が基本ですが、障害者の雇用の促進等に関する法律（通称：障害者雇用促進法[173]）では、週20時間未満（10時間以上）の障害者を雇用する事業主に対する特例給付金制度をつくり、それ以下の特定短時間労働も可能になっています。

表　就労の種類

一般雇用
障害者枠雇用
就労継続支援（A型、B型）
生活訓練（自立訓練）
就労移行支援
生活介護

また障害者雇用（身体、知的、精神すべて含む）の法定雇用率も、２０２４年４月から従業員37・５人以上で２・7％となりました。知的障害では、重度（A判定）の場合には1名の雇用を2名にカウントすることができます。

一般雇用は公的機関や一般企業のほかに特例子会社での雇用もあります。特例子会社は厚生労働大臣の認定を受けて設立され、雇用された障害者は親会社やグループ全体の雇用とみなされるので、障害者の実雇用率（障害者枠）の算定に含めることができるものです。特例子会社では事務作業、清掃作業、倉庫作業などが多いようです。

就労継続支援

就労継続支援はA型（雇用契約あり。賃金）とB型（雇用契約なし。工賃）に分かれます。本来は障害者就労に向けた移行段階を目《もく》されていましたが、現状はそこが「目的化」しており、そこから障害者就労に至ることは多くありません。制度設計も含めて今後見直しがあると思われます。２０２３年時点ではA型の賃金は月額６～８万円程度（働く時間による。最低賃金適用）、B型の工賃は月額８千～２万５千円程度（働く時間や内容による）のようです。

78ページで触れた自立訓練には身体機能のための機能訓練と、生活能力向上のための生活訓練があります。生活訓練は日常の社会生活（食事、会話などからお金を使う、交渉をするなど）能力を向上させるために行うもので、就労に向けた足がかりのひとつです。特別支援学校高等部でも自立訓練の時間はありますが、就労に向けた実習などが多いこともあって（卒業後すぐ就労を目指すところが多い）、社会生活に必要な技術やコミュニケーションの充実にはなかなか十分な手が回っていません。そこを補完する位置づけともいえます。原則2年間で、単独に行っている事業所と次の就労移行支援を組み合わせて福祉型カレッジとしている場合もあります。所得がなければ無料で利用できます。

就労移行支援も事業所で行っているところが多いですが、福祉型カレッジに組み込んでいる場合もあります。基本的には2年以内で1回限りの利用ですが、複数回の利用を認める自治体もでてきました。実際の就労に向けた作業などのトレーニングを事業所であるいは企業などの場も利用して行っていきます。期間は基本的に2年ですが、支援期間中に就労が決まる場合もあります。所得がなければ無料で利用できます。

著者は先に述べたように、スムースに就労することと、初任給を上げることを目的に位置づけています。ただその後の就労などの経過や就労移行支援体制などは、事業所により差が大きいと感じています。

生活介護

生活介護は、障害者総合支援法(2)で定められた、常時介護を必要とする障害者がおもに昼間に施設などで入浴、排泄、食事の介護や創作活動、生産活動の機会提供などを受けることです。自治体や指定管理者により作業所(呼称はさまざま)が設置されています。

送迎があることが多く、月額の工賃は2～5千円程度(2023年時点。作業内容や時間にもよる)です。生活介護は就労というよりは居場所確保という側面もあり、それも重要な目的のひとつです。最近ではB型を併設している場合もあり、当初は生活介護でも、そのあとB型に移行する場合もあります。

就労と就労後

就労は就労移行支援事業だけではなく、ハローワークでも障害を抱えた人の登録や対応をしています(173)。就業後も、2023年時点で全国300か所以上に設置されている障害者就業・生活支援センターなどで相談支援を受けることもできます。そのほか自治体の障害者担当部署や社会福祉協議会でも相談窓口を設置しているところもあります。

趣味と余暇

成人後は就労して仕事をするだけではなく、余暇活動も大切です。就労は「やりたいことをして」「お金を稼げる」のであれば理想かもしれませんが、実際には「お金を稼ぐために」「やりたいとは限らない仕事をする」ほうが多くなります。もちろんやりたいことができる就労であったとしても、仕事の中にはやりたくないことも多少は含まれます。

家やホームに帰ってただボーッとしているのか、テレビやYouTubeを見ているのか、ゲームなどをしているのか、それが楽しいことであればそれでもかまいません。ひとりでできることもあれば複数人ですることもあると思います。

得意なことではなくて好きなことが見つかっていれば、それを趣味にすることもできます。就労でがまんしている時間に、余暇での趣味を楽しみにしたり、仕事でもらった給料を趣味にどう使おうかを考えたりすることも楽しいと思います。

絵やイラストを描く、編み物をする、パッチワークをする、ドラムやギターなど楽器を演奏するなど個人でできるものから、地域の和太鼓クラブに入る、障害者スポーツセンターなどでサッカーやバトミントンをするなどもあります。こうした例は実際に著者が診ていた子どもたちが大人になる前から、あるいはなってから趣味としていたものです。地域の和太鼓クラブでは知的障害を抱えていても仲間に入れて、一緒にお祭りや発表会に参加しているところもありました。パッチワークをしていた女性は出来栄えがよかったことから、フリーマーケットで作品を販売していたそうです。こうしたいわゆる作業課題のほかにも、友だちや祖父母の家などで何をするわけでもなくまったりと時間をすごす、いわゆる居候的な場所に行くことも余暇活動のひとつになります。

仕事と別に楽しい時間をもつことは生活全体がうまくいくためにも役立ちます。知的障害の程度にかかわらずできることが見つかると思います。前述のように、特に送迎付きの生活介護に通っていると身体活動性が低くなり、運動不足から生活習慣病のリスクも出てきます。実際に作業所をボランティアでお手伝いしたときにも、肥満、高血圧、脂肪肝、糖尿病などが放置されているのを見つけて対応をお願いしました。

180ページでも触れましたが、就労で体を動かすことが少ないのであれば、趣味を含めた余暇活動の中に運動を取り入れることをお勧めしています。ウォーキング、ジョギングなら1日2km以上が目安です。参加する場所があればサッカーなどもほかの人との交流を含めて楽しいと思います。集団での和太鼓なども汗をかくので運動に含まれますし、長い期間楽しむことができます。

詐欺や犯罪

明るい話題ではありませんが、詐欺や犯罪にも触れておきたいと思います。知的障害を抱えていると、人からだまされやすい場合があります。逆にいえば悪意のある人にとっては「だましやすい」ことになります。それは被害者にも加害者にもなりうるということでてています。

す。先述の長崎の南高愛隣会では「暮らしのルールブック」(174)を作成し、予防教育にも役立

20年以上も前のことですが、中学校の特別支援学級（知的）に在籍していた子が、友だちに少額のお金を渡され、スーパーマーケットで万引きを指示されて実行、それを何度もくり返しているうちについに逮捕されたという事案に直面したことがあります。

警察は犯罪を示唆した人よりも実行した人を重くみます。そして軽度の知的障害は一見しただけではわからないことが多いので、逮捕され、取り調べを受けることになりました。示唆されたことの説明もうまくできませんでした。

その子どもは以前から知っていたので、母親に頼まれて警察と話をし、学校にも相談しました。その中で友だちに示唆されていたことがようやく明らかになってきました。その後、児童相談所も交えて話し合いなども行われました。窃盗で逮捕された子どもも、示唆した子どもも回数を重ねていたこともあり、保護観察処分になりました。

これとは別に知り合いの弁護士から聞いた話ですが、特殊詐欺（いわゆるオレオレ詐欺で高齢者などから金品をだまし取る）の運び屋（金品を受け取った者から指示した者に届ける）をして20代の知的障害を抱える男性が逮捕されたことがありました。報道時点では知的障害が明らかになっていなかったので、実名報道だったということです。

人の話を信じてしまいやすいことや、性の問題と共通しますがグルーミング（金品や言葉などによる手なずけ）にも乗ってしまいやすいという知的障害を抱えている人の特性は、

犯罪の被害者にも加害者にもなりやすい可能性があります。

どうすれば回避できるかと言われても適切な答えは出せないですし、その場になってみないとわからないことも多いのですが、悩ましい問題です。

少年院を改装して、発達障害や知的障害を抱えた人の更生を目指す若年受刑者収容の刑務所ができたというニュースが２０２３年10月にありました[175]。再犯防止も含めてさまざまな教育的配慮が必要ですから、もちろん犯罪がないに越したことはないですが、必要な施設なのだろうと感じました。

いつ決めるか

少子高齢化は歯止めがかかりません。人口予測では、２０２５年のわが国の総人口は１億２０６６万人、そのうちいわゆる生産人口（20歳〜64歳）は６５６０万人、75歳以上の後期高齢者は２１７０万人（人口比18％）です。しかし２０６０年には総人口が８６７４万人と３４００万人減少、20〜64歳人口は４１０５万人と２５００万人弱の減少、一方で後期高齢者は２３３６万人と１６６万人増加するといわれています。生産人口は大きく減少するのに、医療・福祉資源を必要とする後期高齢者は増加するわけです。

将来、福祉の担い手が不足することは確実ですから、ＡＩやロボットなどによる省力化、自動化は大きく進むと思いますが、今10歳の子どもも２０６０年には45歳です。取り巻く風景は大きく変わっていると考えられます。

長い間診療を続けていると子どもたちも年をとってきますが、保護者も年をとります。保護者が高齢になれば健康や事故のリスクも増加します。そうしたこともあって、将来はグループホーム、入所施設などで過ごすことが予測される場合には、前述（188ページ）のようにショートステイでの利用を早めに始めることを勧めています。

実際に突然の危機で子どもの居場所探しに難渋したケースもみてきました。知的障害を抱えた子どもと生活していると心配の種は尽きません。保護者が年を重ねてもぎりぎりまで見守るか、あるいは子どもを早めに安定した生活ができるようにして安心して年をとるか、それは多くの家族にとって難しい問題だと思います。

これまでは保護者のどちらかが60歳になる前に子どもの安定した居場所を見つけて、見つかったらなるべく早くそこでの生活に移行するようにお話ししてきました。今後、福祉の状況がどのように変化するか見通せない部分も多いのですが、子どもが大きくなってくるということは、早晩、将来選択を迫られるということでもあります。すぐに結論が出せるわけでもない、悩ましい面もあるとは思いますが、子どもたち、そして保護者にとっての将来を考えてみてほしいと願っています。

Take Home Message

覚えておいていただきたいこと

ここまで知的障害を抱える子どもたちについていろいろな面からお話ししてきました。最後にまとめておきたいことを以下に簡単に箇条書きにしました。これまで多くの知的障害を抱えた子どもたちと、そのご家族に向き合ってきた経験から得た項目です。

・知的障害を抱えている場合でも、特に子どもの時期には介入できることが多い
・知能指数は改善しなくても日常生活でできることは増やせる
・それによって生活も楽になるし、サポートも受けやすくなる
・成人になっても「学び」を忘れないで続ける
・数十年後にすこやかで穏やかな日々を過ごすことが目標

余禄の日々

２００７年にそのとき在籍していた地方公務員（保健行政職、併設の小さなクリニックでの医療職も兼任）を退職し、月給もボーナスもないフリーの生活になりました。外来診療はしばらくそこで続けていました。何年かやってみて無理そうならまた勤務医などに戻ろうかという軽さもありましたが、結局16年を超える月日がそのまま流れていきました。

２００９年に診療の場所を変えました。以前１９９２年まで外来診療をしていたクリニックにしたのですが、病院機能もあり、いろいろな検査もできるので、何を思ったか無症状なのに大腸内視鏡の検査を一度受けてみようと考え、申し込んでみました。

検査中の画像を見ていて問題ないなと思ったそのとき、上行結腸に赤黒い広がりが映りました。翌日、大腸の専門家である同級生に相談、まず大腸がんだろう、腸の壁を越えて広がっているかもしれないからと10日後には手術になりました。病理組織では癌でしたが、ぎりぎり腸の壁を越えておらず、腹腔内には広がっていませんでした。主治医にはあと２か月遅れていれば余命は２年以内だっただろうと言われました。

それからも心房細動、そしてカテーテル手術や、最近では新型コロナウイルス感染症にかかるなどいろいろありましたが、２年以内ではなく14年の月日が過ぎていきました。すなわち余禄の日々が生まれたわけです。

過ごしている毎日の中で余禄を意識しているわけではありませんが、自分にできることを少しずつと考え、公的な仕事や学会関連の役職なども名利なしに引き受けてきました。それぞれの組織には多少なりとも改革に寄与できたかとは思います。

２０２１年に古希を迎え、それを機に公的な役職などは引退し、講演や原稿依頼などもなるべく若い人にお願いするようにしてきました。年寄りがいつまでもしがみついていると若い人の機会を奪ってしまうので、これは以前から考えていたことです。

同時にこれまでの蓄積を還元すべく、２０２０年からYouTube動画配信、２０２２年からVoicyでの音声配信などもTwitterなどＳＮＳでの情報周知に加えてすべて無料ではじめました（ハンドルネームはいずれも「うさぎ１号」です）。

年齢とともに少しずつペースを落としてはいますが、まだ仕事の中心は遠くからも来られる子どもたちを中心とした外来診療です。発達課題や知的課題（その両方も多い）を抱えた子どもたちに、単なる経過観察ではなく生活の質に寄与する介入ができないだろうか、それが私にとっても大きなテーマでした。経過観察ではなく、当事者や保護者の方と一緒に何ができるかを考え、そして子どもの30年後を考えてみる、それを実際に診療の中で実践することは決して容易ではなかったと思っていますが、努力は続けてきました。

２０２３年夏のある日、電車に乗ってマスクをしていたら少し息苦しいことに気づき、帰ってから酸素飽和度を測ってみたら少し低めでした。翌日、検査をしてみたら軽い肺炎像と炎症反応の陽性があり、肺炎として治療を開始しました。しかし少し動くと酸素飽和度が下がる症状が続いたので、これは放ってはおけないと呼吸器の専門医を受診しました。

検査結果から間質性肺炎急性型と診断され、入院治療の日々が始まりました。そのまま集中治療になり退院できない可能性もありましたが、幸いに薬剤の効果がでてきて病状は落ち着いてきました。この先がみえない病気でもあり、余禄の日々もあまり残ってはいないかもしれないと入院中に考えるようになりました。

余禄の日々を含めて、この仕事に入って約半世紀、社会生活上の困難を抱えた子どもたちと過ごすことが多い生活でしたが、はじめにもお話ししたように、私にとっての子どもたちに提案できるゴールは「将来、少しでも健康で穏やかな日々が過ごせること」だと考えていますし、そのために今回は知的障害について私なりにまとめてみました。

本書の刊行にあたり記載内容のチェックや貴重なご助言をいただいた和光大学熊上崇教授、日本保育総合研究所熊上藤子公認心理師に深謝いたします。また本書の刊行にあたって編集などに注力していただいた図書文化社の村田瑞記氏にもお世話になりました。

これまでに子どもたちやご家族からも多くのことを教えられてきました。家族、特に妻にも支えられてきましたし、本当にさまざまな方に支えてきていただきました。稿を終えるにあたり、みなさまにこころより感謝申し上げます。

２０２４年　春　平岩幹男

事項索引

【さ行】

【た行】

【な行】

【は行】

【ま行】

【や行】

【ら行】

【英数】

人名索引

【著者の YouTube】

うさぎ1号　https://www.youtube.com/channel/UCOvBVrcUJyGjXIYf0GSUxSA

こちらの QR コードからもアクセスできます。

【参考図書・文献】

(1) 障害者基本法 https://www8.cao.go.jp/shougai/suishin/kihonhou/s45-84.html

(2) 障害者総合支援法
https://www.mhlw.go.jp/web/t_doc?dataId=83aa7574&dataType=0&pageNo=1

(3) 障害者権利条約 https://www.mofa.go.jp/mofaj/gaiko/jinken/index_shogaisha.html

(4) Degener T: *A human rights model of disability*. ResearchGate. 2014.

(5) 世界保健機関：*ICF (International Classification of Functioning, Disability and Health)*. 2001（障害者福祉研究会編『国際生活機能分類：国際障害分類改定版』中央法規出版）

(6) アメリカ精神医学会：*DSM-5*, 2013. *DSM-5-TR*, 2022

(7) 世界保健機関：*ICD-11 (International Classification of Diseases 11th Revision)*. 2022

(8) 新村出編『広辞苑（第7版）』岩波書店．2018

(9) 中央教育審議会資料「第4日本の障害者施策の経緯」
https://www.mext.go.jp/b_menu/shingi/chukyo/chukyo3/siryo/attach/1295934.htm

(10) 優生保護法
https://www.shugiin.go.jp/internet/itdb_housei.nsf/html/houritsu/00219480713156.htm

(11) 辻井正次，村上隆監訳『Vineland-Ⅱ 適応行動尺度』日本文化科学社（原著 Sparrow SS et al）

(12) 障害者差別解消法 https://www8.cao.go.jp/shougai/suishin/law_h25-65.html

(13) 障害者雇用促進法
https://www.mhlw.go.jp/web/t_doc?dataId=75059000&dataType=0&pageNo=1

(14) Lawson A, Beckett AE: The social and human rights model of disability: Towards a complementarity thesis. *Int J Hum Rights*, 25: 348-379. 2021

(15) 飯野百合子，星加良司，西倉実季『「社会を」を扱う新たなモード』生活書院．2022

(16) Spearman C: General Intelligence, objectively determined and measured. *Amer J*

Psychol, 15: 201-292. 1904
(17) Cattel RB: Theory of fluid and crystallized intelligence. A clinical experiment. *J Educat Psychol*, 54: 1-22. 1963
(18) 狩野広之，吉川英子「精神的能力の発達に関する逐年的研究 3」『労働科学』31 巻. 1955
(19) 平岩幹男監修『読むトレ GO！ 任天堂スイッチ』サムシンググッド．2020
(20) IBM Watson https://www.ibm.com/jp-ja/watson
(21) 大槻快尊「逝ける心理學者アルフレッド、ビネー」『心理研究』1 巻，441-443．1912
(22) 熊上崇，星井純子，熊上藤子『子どもの心理検査・知能検査』合同出版．2020
(23) Carroll JB: *Human cognitive abilities: A survey of Factor Analytic Studies*. Cambridge University Press. 1993
(24) 上野一彦ほか『WISC-IV 知能検査』『WISC-V 知能検査』日本文化科学社（原著 David Wechslcr）https://www.nichibun.co.jp/seek/kensa/wisc4.html
(25) 藤田和弘ほか『日本版 KABC-II』丸善出版（原著 Alan S. Kaufman, Nadeen L. Kaufman）https://www.k-abc.jp
(26) 大六一志ほか『WPPSI-III 知能検査』日本文化科学社（原著 David Wechsler）https://www.nichibun.co.jp/seek/kensa/wppsi3.html
(27) 藤田和弘，熊谷恵子監『心理検査のフィードバック』図書文化．2022
(28) 秋山聡平訳『精神薄弱の医学』應義塾大学出版会．1971（原著 Penrose LS）
(29) 田中教育研究所『田中・ビネー知能検査Ｖ』田研出版
http://www.taken.co.jp/vinv.html
(30) 遠城寺宗徳ほか『遠城寺式乳幼児分析的発達検査法』慶応義塾大学出版会．1977
(31) 新版Ｋ式発達検査研究会『新版Ｋ式発達検査 2020』京都国際社会福祉センター
https://www.kiswec.com/inspection_01
(32) アメリカ精神医学会（American Psychiatric Association）: DSM-Ⅳ. 1994
(33) 平岩幹男『子どもの発達障害：外来診療の工夫』中山書店．2022
(34) 知的障害者福祉法
https://www.mhlw.go.jp/web/t_doc?dataId=83024000&dataType=0&pageNo=1
(35) 厚生労働省「知的障害児（者）基礎調査：調査の結果」
https://www.mhlw.go.jp/toukei/list/101-1c.html
(36) 文部科学省「知的障害とは」

https://www.mext.go.jp/a_menu/shotou/tokubetu/mext_00803.html
(37) 社会福祉法人滝乃川学園 https://www.takinogawagakuen.jp
(38) 日本知的障害者福祉協会 http://www.aigo.or.jp
(39) 旭出学園 http://www.asahide.ac.jp
(40) 日本マカトン協会「マカトン法とは」https://makaton.jp/about
(41) Maulik PK et al: Prevalence of intellectual disability: a meta-analysis of population based study. *Res Dev Disabil*, 32: 419-436. 2011
(42) Portes V: Intellectual disability. *Handb Clin Neurol*, 174: 113-126. 2020
(43) 内閣府「障害者白書」https://www8.cao.go.jp/shougai/whitepaper/index-w.html
(44) 厚生労働省「厚生労働白書」
https://www.mhlw.go.jp/toukei_hakusho/hakusho/index.html
(45) 厚生労働省「平成 17 年度知的障害児（者）基礎調査結果の概要」
https://www.mhlw.go.jp/toukei/saikin/hw/titeki/index.html
(46) 文部科学省「学校基本調査」
https://www.mext.go.jp/b_menu/toukei/chousa01/kihon/1267995.htm
(47) 厚生事務次官通知「療育手帳制度について」厚生省発児第 156 号
https://www.mhlw.go.jp/web/t_doc?dataId=00ta9476&dataType=1&pageNo=1
(48) Lichtenstein P, Magnus T: Familial risk and heritability of intellectual disability: a population-based cohort study in Sweden. *J Child Psychol Psychiatr*, 63: 1092-1102. 2022
(49) Wolstencroft J et al: Neuropsychiatric risk in children with intellectual disability of genetic origin: IMAGINE, a UK national cohort study. *Lancet Psychiatr*, 9: 715-724. 2022
(50) Salcedo-Arellano MJ et al: Fragile X syndrome: clinical presentation, pathology and treatment. *Gac Med Mex*, 156: 60-66. 2020
(51) Mutluer T et al: *Population-based psychiatric comorbidity in children and adolescents with autism spectrum disorder*. Front Psychiatr. 2022
(52) Smiley E, Cooper SA: Intellectual disabilities, depressive episode, diagnostic criteria and Diagnostic criteria for Psychiatric disorders for use with adults with learning disabilities, mental retardation. *J Intellect Disabil Res*, 47: 62-71. 2003
(53) 母子保健法
https://www.mhlw.go.jp/web/t_doc?dataId=82106000&dataType=0&pageNo=1
(54) 平岩幹男『乳幼児健診ハンドブック』診断と治療社．2019

(55)　平岩幹男『自閉症スペクトラム障害：療育と対応を考える』岩波書店．2012
(56)　平岩幹男『発達障害児へのライフスキルトレーニング』合同出版．2015
(57)　東京都福祉局「先天性代謝異常等検査について」
https://www.fukushi.metro.tokyo.lg.jp/kodomo/shussan/taisyaijou.html
(58)　有馬正高監修『知的障害のことがよくわかる本』講談社．2007
(59)　下山真衣編著『知的障害のある人への心理支援』学苑社．2022
(60)　勝二博亮編著『知的障害児の心理・生理・病理』北大路書房．2022
(61)　Martinez-Leal R et al: Girona declaration on borderline intellectual functioning. *The Lancet Psychiatry supplementary appendix*, 7: e8. 2020
(62)　宮口幸二『傷ついた子を救うために：マンガでわかる境界知能とグレーゾーンの子どもたち』扶桑社．2022
(63)　Heckman JJ: Skill formation and the economics of investing in disadvantaged children. *Science*, 312:1902-1902. 2006
(64)　Heckman JJ: The economics, technology, and neuroscience of human capability formation. *PNAS*, 104: 13250-13255. 2007
(65)　中央教育審議会資料「第 2 回会議までの主な意見等の整理」（非認知能力）
https://www.mext.go.jp/content/20210901-mxt_youji-000017746_2.pdf
(66)　OECD：Fostering social and emotional skills through families, schools and communities. 2015
(67)　Duckworth AL et al: Grit: perseverance and passion for long-term goals. *J Pers Soc Psychol*, 92: 1087-1101. 2007
(68)　小塩真司編著『非認知能力』北大路書房．2021
(69)　糸賀一雄『福祉の思想』NHK 出版．1968
(70)　糸賀一雄『この子らを世の光に』柏樹社．1965（2003 年 NHK 出版より復刊）
(71)　垂髪あかり『ヨコへの発達とは何か』日本標準ブックレット 23．2020
(72)　文部科学省「障害のある児童生徒に対する早期からの一貫した支援について」2013
(73)　文部科学省「障害のある子供の教育支援の手引：子供たち一人一人の教育的ニーズを踏まえた学びの充実に向けて」2021
(74)　文部科学省「通常の学級に在籍する特別な教育的支援を必要とする児童生徒に関する調査結果について」2022
(75)　中央教育審議会「特別支援教育を推進するための制度の在り方について」2005

(76) 国立特別支援教育総合研究所『特別支援教育の基礎・基本 2020』ジアース教育新社
(77) 文部科学省「小学校学習指導要領（平成 29 年告示）」2018
(78) 文部科学省「中学校学習指導要領（平成 29 年告示）」2018
(79) 文部科学省「特別支援学校教育要領・学習指導要領解説 総則編（幼稚部・小学部・中学部）」2018
(80) 文部科学省「特別支援学校学習指導要領解説 総則等編（高等部）」2019
(81) 文部科学省「特別支援学校学習指導要領解説 知的障害者教科等編（高等部）」2019
(82) 中央教育審議会資料「公立小中学校等の学級編制及び教職員定数の仕組み」
https://www.mext.go.jp/content/20200221-mext_syoto02-000005120_5.pdf
(83) 平岩幹男『幼児期のライフスキルトレーニング』合同出版．2022
(84) 小学校入学時資料「子どもの現状について」（図書文化社の書籍ページ）
http://www.toshobunka.co.jp/books/detail.php?isbn=ISBN978-4-8100-4782-0
(85) 福祉行政法令研究会『障害者総合支援法がよくわかる本』秀和システム．2021
(86) 池田敦子，田部絢子，髙橋智「米国の大学における知的障害学生の修学と教育保障の動向」『東海学院大学紀要』15 巻．71-78．2021
(87) 長谷川正人編著『知的障害の若者に大学教育を』クリエイツかもがわ．2019
(88) 文部科学省「令和 4 年度児童生徒の問題行動・不登校等生徒指導上の諸課題に関する調査」2023
(89) 平岩幹男『発達障害；思春期からのライフスキル』岩波書店．2019
(90) 平岩幹男『小中学生のライフスキルトレーニング』合同出版．2022
(91) 児童福祉法
https://www.mhlw.go.jp/web/t_doc?dataId=82060000&dataType=0&pageNo=1
(92) 文部科学省「GIGA スクール構想について」2019
https://www.mext.go.jp/a_menu/other/index_0001111.htm
(93) 文部科学省「特別支援教育における ICT の活用について」2020
https://www.mext.go.jp/content/20200911-mxt_jogai01-000009772_18.pdf
(94) 厚生労働省「児童発達支援ガイドライン」
https://www.mhlw.go.jp/file/06-Seisakujouhou-12200000-Shakaiengokyokushougaihokenfukushibu/0000171670.pdf
(95) 厚生労働省「放課後等デイサービスガイドライン」
https://www.mhlw.go.jp/file/05-Shingikai-12201000-Shakaiengokyokushougaihokenfukush

ibu-Kikakuka/0000082829.pdf
(96) 塩田玲子訳，平岩幹男監訳『ABA プログラムハンドブック』明石書店．2012（原著 Fovel JT）
(97) 園山繁樹，竹内康二訳『自閉症児と絵カードコミュニケーション』二瓶社．2020（原著 Bondy A, Frost L）
(98) 佐々木正美『自閉症児のための TEACCH ハンドブック』学研プラス．2008
(99) ピクトグラム https://www.mlit.go.jp/sogoseisaku/zukigou/zukigou01.html
(100) トレキング https://www.dcd-lab.jp
(101) 文部科学省資料「日本の特別支援教育の状況について」2019 https://www.mext.go.jp/content/20200109-mxt_tokubetu01-00069_3_2.pdf
(102) 国立特別支援教育総合研究所「インクルーシブ教育構築支援データベース 2015」 https://inclusive.nise.go.jp
(103) 佐久間徹監訳『スキナーの心理学』二瓶社．2005（原著 O'Donohue WT, Fergason KE）
(104) LOVAAS https://lovaas.com
(105) 杉山尚子監訳『VB 指導法』学苑社．2021（原著 Barvera ML）
(106) 中野良顯監訳『自閉症を克服する』NHK 出版．2005（原著 Koegel LK, LaZebnik C）
(107) Rogers SL, Dawson G, Vismara LA: *An early start for your child with autism*. Guilford press. 2012
(108) BCBA https://www.bacb.com/bcba
(109) Lorri Unumb: *The AMA Did Not Remove Support for ABA* https://www.casproviders.org/news/correcting-the-record-the-ama-did-not-remove-support-for-aba
(110) ピラミッド教育コンサルタントオブジャパン https://pecs-japan.com
(111) PECS4＋ https://apps.apple.com/jp/app/pecs-iv/id919593979
(112) Schopler E; Gary B. Mesibov GB (ed): *Communication Problems in Autism*. Springer. 1985
(113) ドロップレットプロジェクト https://droptalk.net
(114) RYU：絵カードメーカー https://lit.link/autismapp
(115) トーキングエイド https://www.talkingaid.net
(116) 寺田奈々『ことばをひきだす親子あそび』小学館．2022

（117）児童虐待防止法 https://www.mhlw.go.jp/bunya/kodomo/dv22/01.html
（118）Sullivan PM, Knutson JF: Maltreatment and disabilities: a population-based epidemiological study. *Child Abuse Neglect*, 24: 1257-1273. 2000
（119）一瀬早百合「障害のある乳幼児に不適切な養育が生じるプロセス」『社会福祉』51 巻, 53-65．2010
（120）強度行動障害判定基準（平成 24 年 3 月 30 日厚生労働省告示第 270 号）
https://www.mhlw.go.jp/seisakunitsuite/bunya/hukushi_kaigo/shougaishahukushi/kaisei/dl/kokuji-h24-270a.pdf
（121）行動関連項目（平成 18 年 9 月 29 日厚生労働省告示第 543 号）
https://www.mhlw.go.jp/web/t_doc?dataId=83aa8497&dataType=0&pageNo=1
（122）重度訪問介護：居宅訪問型児童発達支援に係る報酬・基準について
https://www.mhlw.go.jp/content/12401000/001157667.pdf
（123）重度障害者等包括支援：重度障害者等包括支援に係る報酬・基準について
https://www.mhlw.go.jp/content/12401000/000681042.pdf
（124）国立重度知的障害者総合施設のぞみの園「強度行動障害のある人」
（125）全日本手をつなぐ育成会「強度行動障害の評価基準等に関する調査について」
（126）日本行動分析学会「強度行動障害に関する支援ガイドライン」2023
（127）西田武志, 福島龍三郎『強度行動障害のある人を支えるヒントとアイデア』中央法規. 2023
（128）発達障害者支援法
https://www.mext.go.jp/a_menu/shotou/tokubetu/main/1376867.htm
（129）平岩幹男『読むトレ GO！』合同出版．2020
（130）小枝達也，関あゆみ『T 式ひらがな音読支援の理論と実践』中山書店．2022
（131）平岩幹男監修「読むトレ GO！任天堂スイッチ版」サムシンググッド 2020
（132）宮崎圭佑「触るグリフ」https://sawaruglyph.com
（133）日本障害者リハビリテーション協会：マルチメディア DAISY 図書
https://www.jsrpd.jp/overview/daisy
（134）東京大学先端技術研究所，東京大学図書館：AccessReading
https://accessreading.org
（135）NPO 法人 eboard：ICT 教材 eboard https://info.eboard.jp/use
（136）NPO 法人 EDGE：音声教材 BEAM https://www.npo-edge.jp/use-edge/beam

（137）Amazon：オーディオブック Audible https://www.audible.co.jp
（138）澳塩渚，平岩幹男監修『つまづきからわかる算数の教え方』合同出版．2021
（139）Caçola P: Physical and Mental Health of Children with Developmental Coordination Disorder. *Front Public Health*, 4: 224. 2016
（140）牛腸昌利，笹田哲，平岩幹男「発達性協調運動障害のある小学生に対する複合現実技術を取り入れた運動プログラムの効果」『日発達系作療会誌』9巻，58-63．2022
（141）山谷えり子「教材『思春期のためのラブ&ボディ BOOK』の配布計画とその後の指導に関する質問主意書（衆議院平成十四年六月五日提出質問第九六号）」
https://www.shugiin.go.jp/internet/itdb_shitsumon.nsf/html/shitsumon/a154096.htm
（142）東京弁護士会「東京都教育委員会の都立七生養護学校の性教育に対する処分に関連する警告書要約版」2005
（143）母子衛生研究会『思春期のためのラブ&ボディ Book』2002
（144）平岩幹男編著『思春期の性の問題をめぐって』診断と治療社．2011
（145）UNESCO: *International technical guidance on sexuality education: An evidence-informed approach* https://unesdoc.unesco.org/ark:/48223/pf0000260770
（146）たちあすか訳『あかちゃんはどうやってできるの』岩波書店．2023（原著 Silverberg C, Smith F）
（147）宮原春美監修『からだと心のマナーブック』南高愛隣会．2020
（148）うさぎ1号 YouTube 動画 113
（149）ステップ総合研究所 http://www.ri-step.co.jp
（150）津田聡子「知的障害のある思春期女子の月経教育プログラムの開発と効果の検証（科学研究費助成事業研究成果報告書）」2023
https://kaken.nii.ac.jp/ja/file/KAKENHI-PROJECT-17K14069/17K14069seika.pdf
（151）うさぎ1号 YouTube 動画 41
（152）医薬品医療機器総合機構「ヤーズ配合錠」
https://www.info.pmda.go.jp/go/pack/2482011F1020_1_14
（153）イギリス政府：The Disclosure and Barring Service is created
https://www.gov.uk/government/news/the-disclosure-and-barring-service-is-created
（154）こども関連業務従事者の性犯罪歴等確認の仕組みに関する有識者会議
https://www.cfa.go.jp/councils/kodomokanren-jujisha
（155）TENGA 公式 HP https://www.tenga.co.jp

(156)「『知的障害者にいろいろ教えたら出産が増えてしまう』は間違い　赤ちゃんロボットで疑似体験するスウェーデン、意外な結果に」共同通信（2023.08.03）
https://nordot.app/1053936163166454326?c=39546741839462401
(157) 藤澤和子，杉浦絹子「知的障害への母子手帳」北国新聞（2023.05.01）
https://www.hokkoku.co.jp/articles/1057688
(158) 世界保健機関：Life Skills
https://www.who.int/publications/i/item/9789240005020
(159) NTT 東日本「電話お願い手帳」
(160) ぷるすあるは「ハルのきもちいろいろカード」
https://pulusualuha.thebase.in/items/22976238
(161) うさぎ 1 号 YouTube 動画 37
(162) うさぎ 1 号 YouTube 動画 103
(163) 澳塩渚著，平岩幹男監修『算数の教え方』合同出版．2021
(164) うさぎ 1 号 YouTube 動画 106
(165) うさぎ 1 号 YouTube 動画 52
(166) エムティーアイ：ルナルナアプリ https://www.mti.co.jp/?p=3157
(167) 渡部伸『障害のある子が将来にわたって受けられるサービスのすべて』自由国民社．2019
(168) 鹿野佐代子『障害のある子とその親のための「親亡きあと」対策』翔泳社．2022
(169) Karst JS, Van Heckle AV: Parent and family impact of autism spectrum disorders: a review and proposed model for intervention evaluation. *Clin Child Fam Psychol Rev*, 15: 247-277. 2012
(170) うさぎ 1 号 YouTube 動画 25
(171) うさぎ 1 号 YouTube 動画 130
(172) 中央労働災害防止協会編『日本で働く方のためのイラストで学ぶ安全衛生漢字ドリル』2019
(173) ハローワーク https://www.hellowork.mhlw.go.jp
(174) 南高愛隣会『暮らしのルールブック』エンパワメント研究所．2021
(175)「全国初の発達障害などある若年受刑者収容の刑務所 千葉 市原」NHK．2023
https://www3.nhk.or.jp/news/html/20231030/k10014241821000.html

幹男（ひらいわ・みきお）

師、医学博士、Rabbit developmental research代表。公益社団法人日本小児科学会、日本小児保健協会名誉会員。1951年戸畑市（現北九州市）生まれ、1976年東京大学医学部医学科卒。三井記念病院、帝京大学医学部小児科、戸田市立医療保健センターなどを経て現職。

厚生労働省、環境省委員会委員、国立研究開発法人国立成育医療研究センター理事、東京大学大学院医学系研究科非常勤講師など歴任。

2002年母子保健奨励賞、毎日新聞社賞受賞（皇居参内）。著書「自閉症スペクトラム障害」(岩波書店)、「発達障害児のライフスキルトレーニング」(合同出版）など多数。

X（Twitter)、YouTube動画、Voicyは「うさぎ1号」で検索

知的障害を抱えた子どもたち
――理解・支援・将来――

2024年3月25日　初版第1刷発行

著　者　平岩幹男
発行人　則岡秀卓
発行所　株式会社 図書文化社
〒112-0012　東京都文京区大塚1-4-5
電話　03-3943-2511
Fax　03-3943-2519
http://www.toshobunka.co.jp/
印　刷　株式会社 厚徳社
製　本　株式会社 村上製本所
カバーデザイン　成原デザイン事務所
カバーイラスト　せいのみわお
本文イラスト　おおたきまりな

ISBN978-4-8100-4782-0 C3037